融資が決め手！

空室率70％の逆境から18棟を買い進めた“鉄板”不動産投資術

元サラリーマン投資家
椙田《すぎた》拓也《たくや》

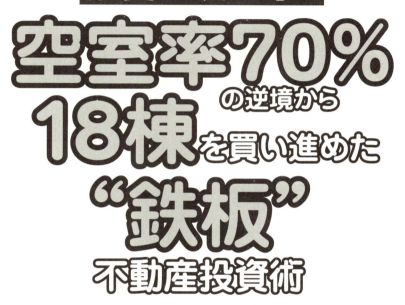

はじめに

本書は僕にとって4冊目の書籍となります。

思い返せば、2012年の夏、サラリーマンをしながら不動産投資の体験をブログで綴っていたところ、多くの方から興味を持っていただき、2013年には『空室率70%でもキャッシュが回る非常識な不動産投資術』(ごま書房新社)としてその内容をもとに著書を出版するまでに至りました。

いまの時代は移り変わりが速く、不動産投資も市況の影響を大きく受けます。

とくに融資の状況により、その参入障壁は大幅に変わるものです。当時の最新情報であっても、翌年には使えなくなることもあり、常に情報の更新が必要です。

僕が一作目を執筆した当時は、融資が非常に厳しく、いわゆる高属性サラリーマンであっても、そこまで有利な融資の組み立てがしにくい時代でした。逆をいえば、その代わりに参入者が少なく、高利回りの物件を有利に買い進めることもできました。

あれから4年。

はじめに

気が付けば、不動産投資は副業や資産形成の手段としてすっかり市民権を得ました。ＮＨＫで特集されたり、一般向けの雑誌でも取り上げられたり、多様な書籍が毎月出版されるなど、プラスのイメージだけでなくマイナスイメージも含めて、多くの情報が錯そうするようになりました。

この間にはマイナス金利政策がスタートして、市中での貸し先に困った金融機関がサラリーマン相手に多額の融資を貸しつけるようになりました。くわえて２０１５年の税制改正の影響を受けて、地主もまた融資を組んで新築物件を大量に建てています。

そうした中、一から不動産投資をはじめるには、どのように進めたらいいのかを解説したのが、昨年出版した3冊目の著書『〝自己資金ゼロ〟からキャッシュフロー１０００万円をつくる不動産投資！』でした。

この中で僕は「ゼロから不動産投資を始める場合、小手先のテクニックではなく王道のやり方で段階を経て規模拡大をしていく必要がある」と伝えています。年収別、資産背景別にどのように融資を使い、どういう物件を購入していくのか、そのノウハウを体系的にまとめました。

そして2018年。不動産投資を行なうにあたって、非常に厳しい時代に突入すると予測します。金融庁の指導等により、すでに昨年から各金融機関の不動産投資に対する融資姿勢の変化が見られます。多くの投資家、不動産業者から「融資が締まってきている」という声を耳にします。「融資年数が伸びなくなった」「頭金を多く求められる」そんな声もあります。

僕が感じているのは、時代がアベノミクス以前に戻りつつあるということです。

そこで、ただ買うだけでなく、融資をどのように組み立て、どのようにして運営をしていくのか、最新情報を詰め込んだのが本書です。

実はこの本の内容は、冒頭でお伝えした4年前に執筆した1冊目の著書を改題し、今の経済や金融状況に対応させるために大幅に加筆修正した、いわば僕の不動産投資家としての活動の集大成となる一冊だと感じています。

僕が不動産投資をスタートさせた2009年は、それまでサラリーマンに積極的に融資を行なっていた三井住友銀行が不動産投資への融資をほぼ閉ざし、代わってスルガ銀行やオリックス信託銀行（現オリックス銀行）が台頭し始めたころ。金融機関の選択肢もまだ少なく、初心者のサラリーマンがそう簡単に融資を受けられる状況ではありませんでした。

そうした中で僕は業者に丸投げするのではなく、自分自身で足を使って銀行を開拓し物件を買い進めていきました。

ここ数年の市況と比べれば、驚くほどの高利回り物件を僕は購入していますが、物件はボロボロ、空室が多くガラガラ、中でも空室率が70％を超えるアパートには本当に苦労させられました。続く退居、次々と勃発するトラブルに対して、建物のメンテナンスや空室対策など、数字だけでは測れない泥臭い活動もたくさんしました。

しかしそうした失敗を経験し、それをリカバリーしてきたことが今では大きな糧となっています。そんな下積み時代を経て、18棟を買い進めつつ売却もおこない、現在は17棟136室の物件を所有しています。ちなみに今の空室率は常時10％以下です。

4年前に、僕の1冊目の著書を読んだ方からたくさんの不動産投資家が生まれました。「お金への価値観と人生が変わりました！」「未だに困ったときにこの本をそっと開きます」などと嬉しいお言葉もいただきます。そして、そういった感想をくださる多くの方は、既に毎月給料以上の家賃収入が安定的に銀行口座に振り込まれている状況です。

「不動産投資に〝鉄板〟の手法はない！」とよく言われますが、前述のとおり、時代を超えながらもどんどん資産を築いているサラリーマン投資家は世の中に溢れています。

つまり、成功のコツをつかんだ経験者が、想定されるリスクに対して先手（対処法）を打つことで、大概のトラブルは回避できると僕は感じています。

これが本書でお伝えする〝鉄板〟不動産投資の概念です。

「ピンチの時こそチャンスあり！」が僕のモットーです。

銀行融資が難しくなった時代だからこそ、それを克服したものは甘い果実を得ることになります。僕も空室だらけの体験を経たからこそ、それが血となり肉となって今に至っているのだと確信しています。

前進と停滞のどちらを選ぶかはあなた次第です。ただ、不動産投資に限っては、悩むなら早い段階で行動した方が間違いなく勝率が上がることは証明されています。

ぜひ、本書を読み進めて人生の転換期を〝いま〟この瞬間に迎えてください。

椙田　拓也

※本書は2013年に同社より刊行された『空室率70%でもキャッシュが回る非常識な不動産投資術』を改題し、内容も大幅に加筆修正したものです。

目次

◆目次◆

第1章 到来する"不動産投資、激戦の時代"を勝ち抜く5つの鉄則

第2章 僕が不動産投資を始めた理由

第3章 18棟のアパートを買った僕の不動産投資歴

◇修繕費がかさむ1棟目のマンションを売却する……75

3棟目 はじめての高利回り木造ボロアパート……78
◇日本政策金融公庫の融資がストップ！……82
◇東日本大震災で震度6の揺れに見舞われる……84

4棟目 温泉街にあるRC店舗付きマンション……86
◇最初の試練、震災の影響で退去者続出……88
◇翌営業日に審査結果が出たスルガ銀行……90

5棟目 次々と退居して空室率70％になった問題児アパート……91

6棟目 学生向け木造アパート……94

7棟目 再建築不可の築古木造アパート……97

8棟目 工業団地にある鉄骨マンション……99

9棟目 リノベ済の築古RCマンション……101

10〜12棟目 入居率50％の木造アパート3棟一括……103

13〜14棟目 夜逃げのあった2棟一括アパート……105

15棟目 低層RC貸し事務所ビル……106

第4章 空室率70％でも回る「物件購入術」

目次

第1章

到来する“不動産投資、激戦の時代”を勝ち抜く5つの鉄則

「不動産投資の融資が厳しくなった」「初心者には難しいタイミングになってきた」・・・そう言われつつスタートした2018年において、どう行動すべきなのか。第1章では、これから不動産投資をはじめるサラリーマン投資家へ向けて、不動産投資のメリット・デメリットをはじめ、〝不動産投資、激戦の時代〟を勝ち抜く術をお伝えします。

1 これから不動産投資をはじめるサラリーマン投資家へ ～不動産投資メリット・デメリット～

不動産投資をはじめようと思ったときに、多くのサラリーマンが感じるのは、その参入障壁の高さです。

そもそも不動産は高額です。安いと言われる築古の区分マンションや戸建てであっても数百万円はするもので、一棟物になれば数千万円はもちろんのこと、億を超える物件も珍しくありません。

成功すれば、安定的な毎月の副収入につながり、規模が大きくなると会社を辞めて悠々セミリタイアの夢が広がります。

しかし、失敗すれば身の破滅もあるのが投資の世界です。そう考えると一歩進みたくても足がすくんでしまうこともあるでしょう。読者の皆さんが不安を抱くのはもっともです。

そこで、まず不動産投資のメリット・デメリットをわかりやすく解説します。

知らない敵を相手にすると相手が大きく見えて不安を抱くように、不動産投資も最初は多くの方が勝負に挑む前に怖気《おじけ》づきます。

ですが、勉強を重ね、その仕組みを知るほどに不安要素は次第に減っていきます。そして、サラリーマンでもできる、むしろサラリーマンは有利！　ということをご理解いただけるかと思います。

この不動産投資の仕組みを理解できる方はまだまだ少ないものです。だからこそ、少しでも早く始めた方は人生で勝利を得ているのです。

■不動産投資のメリット

メリット①　値動きが安定している

1つ目のメリットは、不動産の場合、株のような数時間単位での急激な値動きがないことです。長期的なトレンドではもちろん値動きする局面もありますが、ペーパーアセットほど目まぐるしく乱高下せず、また収入となる家賃も急な上昇や下落もありません。

そのため、毎日のように相場を気にする必要がないのです。

メリット②　融資によるレバレッジが利く

不動産投資の良さは、何と言っても「レバレッジが利く」ことです。レバレッジとはテコの原理のことです。不動産の資産価値を作用点として、少ない自己資金を元に借入れによって大きく膨らませ、高額の不動産を購入して家賃収入を得ることができるのです。

メリット③　投資家自身が運営に介入できる

株投資などとの大きな違いは、投資家自身が運営に介入できるということです。

例えば株投資の場合、あらかじめ値上がりを期待できる株式を狙って買う必要がありますが、一旦買った株の値段を吊り上げることは認められていません。

しかし不動産投資の場合は、仮に家賃収入が下落したら、投資家自身が努力をして空室を埋めて収入を回復させることが可能です。

あるいは徐々に家賃が下がっているのであれば、定期的に修繕をしてアパートの価値を高めて家賃の下落を食い止めたり、工夫して逆に家賃を上げることもできるのです。

メリット④　片手間で副収入を得られる

不動産投資は、正確には「不動産賃貸業」という「事業」であって、ただ単純にお金を運用するだけの「投資」とは少し異なります。

ロバート・キヨサキのキャッシュフロー・クワドラントに当てはめて考えると、規模によっては自営業の「S」に近く、規模を拡大させたり、アウトソースを行なって投資家の「I」に近づいていくと考えられます。

とくに不動産投資をスタートさせたばかりのステージでは、「S」の要素が強いでしょう。小規模な事業を行なう自営業というスタンスですが、これは決して難しいことではありません。

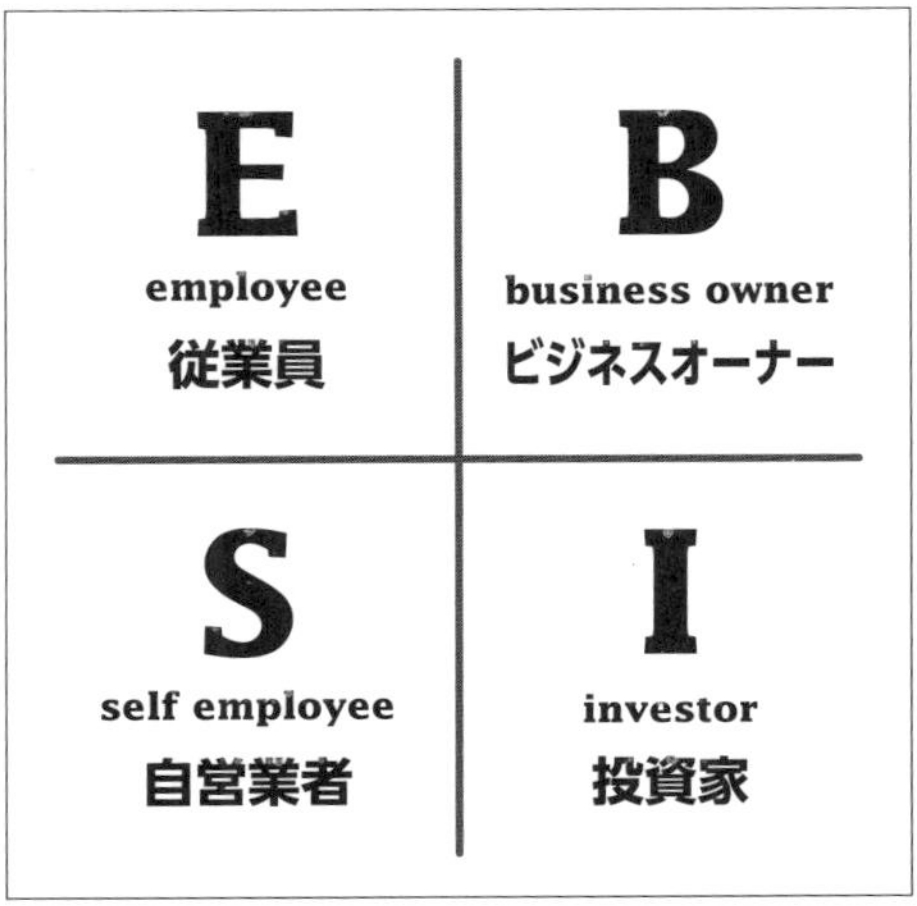

ロバート・キヨサキのキャッシュフロー・クワドラント

メリット⑤　節税になる

もともと不動産投資は、相続税を節税しながら資産を次世代に承継していくための手段として、一部の富裕層の間で確立していたスキームです。
ただ、不動産を活用した相続税節税については、初心者向けの本書のコンテンツとしてあまり意味をなさないため、別の機会に詳しく解説したいと思います。

続いてはデメリットです。投資や事業に“絶対”はありません。一見するとメリットの多い不動産投資ですが、デメリットももちろん存在します。そのデメリットを知った上で対策していくことが重要と考えます。

■不動産投資のデメリット

デメリット① 空室リスク

不動産投資における最大のデメリットは「空室リスク」です。
満室で稼働しているうちは良いのですが、空室が続けば収入源たる家賃収入が途絶えることになります。僕も初めて退居通知を受け取ったときは一日中憂鬱な気持ちになったものです。

しかし、落ち込んでいても何も解決しません。それよりも次の入居者を付けることにエネルギーを使うべきです。

具体的には、委託している管理会社に入居者斡旋をお願いすることになります。管理会社がエイブルやアパマンショップといった賃貸に強い不動産会社であればそれほど問題ないかもしれませんが、賃貸に弱い管理会社の場合には近隣の「客付会社」と呼ばれる賃貸仲介に特化した不動産会社に営業することもあります。この点、賃貸付けしやすい物件またはエリアだと、不動産投資はぐんとラクになるでしょう。

退居は賃貸経営をやっていると誰しもどんな物件でもいつか経験するイベントです。**肝心なのは「退居しない物件を買うこと」ではなく、「退居があっても次の入居者が入る物件を買うこと」**です。

デメリット③（物件によっては）手がかかる

・入居者が退居した

・室内の設備が故障した

・近隣からクレームが来た
・雨漏りが発生したため屋上の防水工事が必要になった

不動産投資＝賃貸経営には、このようなトラブルはつきものですが、委託している管理会社が対応してくれるため、大家さんの手を煩わすことはほとんどありません。

ただ、物件によっては手がかかるケースもあります。具体的には、**修繕がまったく為されておらず管理を引き受けてくれる管理会社がなかなか見つからない物件や、そもそも空室だらけで購入後にリフォームをしなければならない物件、エリアが悪く空室が埋まらない物件など**です。

また、「自主管理」といって管理会社に委託せず大家さんが自分で管理を行なうこともあり、そのような場合には当然ですが手がかかります。

一方で、投資家自身の手が全くかからない物件もあります。

その最たる例が新築物件です。しかもサブリース（入居者を斡旋する不動産管理会社が家主から部屋を一括で借り上げ転貸する賃貸借の方式）ともなると、もはや投資家は何もすることがありません。

本業が多忙なエリートサラリーマンなどは、ローリスク・ローリターンな投資を好み、都心の新築サブリース物件を購入する人もいます。

ただ、その分やはり収益率は落ちます。本来ならば投資家が負担するリスクを排除して業者に肩代わりしてもらう分、リターンも業者が持って行くからです。

また、**サブリース業者の中には、自社の利益のみを最優先し過ぎる悪質な業者も多い**ので、将来にわたっての保証内容（期間や金額）などを入念に吟味する必要があります。

デメリット④ 老朽化による修繕リスク

不動産投資を長期間にわたって続けていると、建物の「老朽化」は避けられません。ですから、予め投資計画に「修繕」を織り込んでおく必要があります。そこには当然ですが出費が伴います。

ただし、その出費を嫌がって修繕をしなければ、老朽化により雨漏りや設備の故障などが発生し、既存入居者が離れてしまうリスクもあります。

また、売却を視野に入れた場合にも定期的に修繕がなされている健全な状態の建物の方が当然高く売ることができます。

デメリット⑤ 税金との戦い

これはメリット⑤の節税と相反する項目となってしまいますが、こちらは主に所得税や譲渡税との戦いを指しています。

不動産投資の場合、金利部分は経費になっても元本返済は経費になりません。言い換えると、所得税が課税されたあとに元本返済が出ていくことになるのです。

これは少し難しいかもしれませんが、元本返済はいわば支出でなく積立貯金のような性質であることを示しています。いずれにしても不動産投資を行なう上では、このような性質を知ったうえで、経費や税金と上手に付き合っていくことが肝要と言えます。

その他に「多額の借金を抱える」ことをデメリットと考える人もいます。

不動産投資は、数千万～数億円単位の大きな借金の上に成り立って、わずかなスプレッドを抜くビジネスです。

ただ、日本人は幼い頃から「借金は悪だ」と教えられているので、あなたもそうした常識を持っているかもしれません。

しかし、それは本当でしょうか？　確かに、借金があるよりも借金がない方が安全に見えます。また3億円の借金よりも3000万円の借金の方がマシに思えるかもしれません。

しかし、実際の良し悪しは、**借金の有無や額の多寡《たか》ではなく、借金の「種類」**によります。

例えば、毎年3000万円の家賃収入を生んでくれる3億円の借金と、自分の給与から返済し続ける3000万円の住宅ローンでは、どちらが「安全」でしょうか？

もしも勤めている会社が倒産したり、交通事故であなたが働けなくなっても、家賃収入を生んでくれる不動産は、文句ひとつ言わずに毎月あなたに家賃を運んでくれます。その家賃収入の中から銀行へ返済をしていくのが不動産投資の「借金」の考え方なのです。

加えていえば、デメリットとして「流動性が低い（売ろうと思っても即日お金に換えることは難しい）」「金利上昇リスク」「地震や津波などの災害リスク」などが挙げられます。

こうして書き連ねていくと、「デメリットばかりじゃないか！」と受け取ってしまう読者もいるかもしれません。

そんな方に向けて、どうすれば不動産投資で勝ち残れるのか。その考え方、行動の仕方について、ここから解説していきます。

【鉄則1】不動産投資は事業！ 目標設定は必須

サラリーマンやOLなどの方々が不動産投資をはじめようとするとき、陥りやすい失敗や注意すべきポイントがあります。いずれも共通しているのが、**「不動産投資を“事業”として捉えていない」**ということです。

ほとんどの初心者は、不動産投資を株投資やFXなどと同じ「投資」と考えています。

しかし、不動産投資の場合、その感覚ではうまくいきません。

株投資やFXなどへの投資の場合、一度購入したら、あとは放っておいても価格が上がったり下がったりしますから、上がったタイミングで売れば利益がでます。

しかし、**不動産投資の場合には、放っておいてはいけません。**

まずは、信頼できる管理会社を選定しなければなりません。周辺物件の最新の賃貸状況を把握し、入居者の募集条件を決め、賃料を設定し、応募があったら審査をしなければなりません。滞納リスクに備えることも大切です。

このような意味で、不動産投資は、株投資やFX投資などの「投資」とは、全く異なる性質のものなのです。

では、不動産投資をはじめるとき、どのような気持ちで臨むべきなのでしょうか？

必要なのは**「経営者の感覚」**です。たとえ区分マンション1室の投資であっても、自分が「不動産経営をしている」という自覚を持ちましょう。

また、管理会社とは綿密にコミュニケーションをとり、「任せっきり」にせず、所有している不動産の状況（入退居の連絡やリフォームの要否、値引き交渉、賃借人からのクレームなど）を把握しましょう。

加えて、事業経営を行なっていくためには、会計や税務などの専門知識も必要となります。さらには、収支や家賃収入の管理、返済金額、決算など、事業の状態を常に把握しておくことも重要です。

「不動産投資には、経営者としての自覚が必要」

このようなことを聞くと、「自分にもできるだろうか？」と不安になる方がいるかもしれませんが、ご安心ください。

実際、僕も元々サラリーマンでしたが、順々に不動産を買い集め、今では17棟136室のアパート・マンションを所有しています。

もちろん、僕以外にも成功しているサラリーマン投資家は多数います。

それも特別な資産家でもなければ、成功した事業者ではなく、ごくごく普通のサラリーマンばかりです。それだけ取り組みやすい・再現性の高い事業といえるのです。

【鉄則2】不動産投資と融資は切っても切れない関係である

不動産投資と融資は、切っても切れない関係にあります。基本的に不動産は高額ですから、物件購入時には融資を受ける必要があります。

融資を利用することで、手元資金が少なくても（極端な話、ゼロでも）非常に高額な不動産を購入できます。

このように、融資を利用して大きなレバレッジをかけられる点は、不動産投資ならではの強みです。

もちろん、僕は現金買いを否定しているわけではありません。融資を受けなければ、返済がないため家賃収入の大半が手残りになります。

たとえば、利回り10％の物件であれば、ランニングコストを引いて8～9％は残るでしょう。それだけで生活できる人もいるはずです。

とはいえ、**現金を持っていない人、もしくは1棟で終わらず複数棟を購入したい人は、レバレッジという武器を最大限活用すべき**です。

ただし、高額な融資を受けるわけですから、購入する不動産の見極めと、購入後の経営をにらんだ対応が必要です。

まずは、収益を十分見込める物件を購入し、購入後も前述したような経営者の目線をもって、不動産経営をすすめていかなければなりません。

そうしないと、最悪の場合、ローンを返済できなくなって破綻することもありえます。よく、サラリーマンやOLが不動産投資に失敗するのは、このパターンです。

逆に言うと、しっかりした経営者目線を持って取り組むならば、不動産投資で失敗する可能性はかなり小さくなるのです。

さて、ここ最近の融資状況ですが、残念ながら不動産に対する各行の融資は徐々に「開放」のスタンスが弱まっているように感じます。この内容については次項に譲ります。

【鉄則3】今の市況と過去のノウハウとのズレを認識する

ここ最近、多くの金融機関の融資スタンスに明らかな変化が起こっています。

それは**「初心者のサラリーマン大家には、あまり貸したがらない」**という点です。

1年ほど前までは、自己資金ゼロで初心者の方でも属性が良ければ、融資に困ることはありませんでした。

しかし最近は、一部の金融機関では**「3〜5期の黒字決算を出している経験者がいい」「頭金が2割以上出してくれる投資家さんがいい」**など条件が厳しくなりつつあります。つまり、"持たざる者は買えない"方向に進んでいるのです。

一方で、既に**経験と実績のあるサラリーマン大家や、不動産投資を専業で行なっているプロないしセミプロの投資家には、金融機関はこれまで以上に積極的に貸したがっています。**

昨年出版した僕の前著『"自己資金ゼロ"からキャッシュフロー1000万円をつくる不動産投資!』(ごま書房新社)には、「すでに不動産投資をはじめている経験者が優遇されるから早く始めよう」ということを書きました。そのときに行動した人は、普通に始められたはずです。

融資状況は昨年よりも今年のほうが格段に厳しくなっていますし、おそらくその流れはしばらく続きそうです。

では、これから不動産投資を開始する初心者に対して、融資の扉は完全に閉ざされてしまっているのでしょうか?

いいえ、そんなことはありません。

まず、すべての金融機関が融資に消極的になるということは考えられません。どこかが厳しくなれば、どこかが緩くなるものです。

たとえば、ある信用金庫の場合、少し前までは年収が高い人しか融資をしませんでしたが、今では年収500万円の人でも問題なく融資が通るようになりました。日本政策金融公庫も、厳しくなった今でも支店や担当者によってばらつきはあり、もちろん借り手や物件、エリアにもよりますが20年の融資は今でも受けられます。

また、真面目に働き続け、しっかりした投資プランを提示できる人ならば、金融機関ももちろん融資を検討してくれるでしょう。

ただし、これまでのような簡易的なエビデンスチェックだけではなく、実際に一旦自行の口座を経由して自己資金を投入させるなど、より厳格化しています。

これは**不正な方法で融資を引き出そうとする不動産業者や投資家が横行した結果で**す。また、金融機関が不動産マーケットに警戒感を強めている現れでもあります。

いずれにせよ、これから不動産投資を始める人は、小手先のテクニックではない王道のやり方で段階を経て規模拡大していく必要があります。

といっても、そのための準備は実は難しいものではなく、突き詰めればシンプルです。逆に奇をてらった方法は、少しシステムが変わればすぐに通用しなくなってしまうのが世の常です。

ぜひ、このことを肝に銘じて、いつの時代でも通用する本当の手法を学び実践してください。

【鉄則4】供給過多な賃貸市場、ピンチをチャンスに変える！

人口減少の影響もあり、賃貸市場は今後さらに供給過多の状況が続くでしょう。

僕は投資家の二極化が進むような気がしています。経営能力のない人は、徐々に退場させられる（破産する）でしょう。

そうなると、利回りの高い空室物件が市場に出てくるはずです。僕が始めた10年前のように、利回り20～30％の全空（全部空室）物件が市場に現れるのです。

こういった物件はメンテナンスがされておらず、ボロボロである・・・つまり賃貸物件として商品化されていない場合が多いですが、それを再生できる玄人投資家であれば、最高の投資対象になりえます。

よって、来たるべき時代に備えて、客付けのスキル、リフォームを安く行なうスキルを磨けば、世の中としてピンチという時代であっても自分にとってはチャンスとなるわけです。

僕もそうですが、特にメガ大家と呼ばれる投資家は、**今は物件を買うのではなく、キャッシュポジションを上げたり、管理業者やリフォーム業者との関わり合いを深めていく時期と捉えている人も多い**です。

これから始める人も、今のうちに物件を買って実績を積んでおくことで、いざ買い場となったときに大きく勝負することができるようになります。

そのためにも、まずは始めの一歩を踏み出すことが重要といえます。

低金利で融資を組める今のうちにしっかりと収益が出る物件を購入しておくことが

成功へ続く道だと考えます。

【鉄則5】いつの時代も変わらない、売却への考え方

最後に売却への考え方です。

僕は基本的に融資期間の短い物件については5年保有して売ることをオススメしています。

不動産投資で利益となるキャッシュポイントは大きく分けて2つあり、家賃収入による「インカムゲイン」と、もう1つが売却益による「キャピタルゲイン」です。

よって不動産投資の利益は、インカムゲインとキャピタルゲインの総和で考えることができますが、いまの不動産マーケットで買った値段より高値で売り抜けることは難しいでしょう。

もちろん、「絶対にできない」というわけではありません。

実際、僕は安く買ってきた物件を相場価格で売り抜けて、キャピタルゲインを得る投資もしています。

ただしそれは、「全空アパートや修繕前のボロボロ物件などを安く仕入れる」という前提条件あっての話です。

しかし、昨今の市況では僕ですら既に商品化された好条件の物件を〝格安で〟買ってくるのは難しいものです。

だからこそ、**「買ったときと同じ金額で売却できれば良い」**といえます。

なぜ買値と同じでもいいのかというと、物件を保有している間、借金を返済することで、元本がどんどん減っていくからです。

事例で説明しましょう。

とある投資家さんは3000万円で中古アパートを購入しました。この投資家さんは特別スゴイ物件を買ったわけではありませんでした。

築浅のキレイなアパートでもなければ、利回り20％以上といった高収益物件でもありません。どこにでもあるような至って普通の築21年の中古アパートでした。当初の借入れ残債は3000万円です。

それを5年経った時点で、3000万円で売却するのだから、手元には一旦3000万円というお金が入って来ることになります。

そこから金融機関へ残債を一括返済すると、これまで支払った分との差額が手元に残る計算になります。つまり5年間、一生懸命返済し続けたお金というのは、**実は"返済"ではなく"貯金"**だったということがここで分かります。

ただし、この差額が全て、自分が受け取る利益にはなりません。少々難しい話になりますが、**「簿価（帳簿上の価額）」**について知識をもっておく必要があります。

まず、前提として「減価償却が何か」ということを噛み砕いて説明しましょう。

たとえば、あなたが会社経営者で、今期はたまたま業績が良く儲かったとします。利益が仮に600万円出たとすれば、150万円ぐらいは税金で持っていかれるでしょう。

「今年は600万円儲かったので、欲しかった600万円の車を買えば、儲けがゼロになる」と考える人もいると思いますが、税務署はそれを許してくれません。車のような高額な資産を買ったら、一度に全額経費で落とせるのではなく、数年かけて徐々に経費計上していく必要があるのです。

これを**「減価償却」**といいます。数年かけて価値を減らして徐々にゼロにしていく、という意味です。

30万円を超えるような高額資産の場合、法律によって**「法定耐用年数（減価償却の期間）」**が定められており、例えば車なら6年、パソコンであれば5年となっています。

さて、高額資産の代表である「不動産」にも、当然ながら法定耐用年数は定められており、減価償却が適用されます。木造は22年、鉄骨造なら34年、RC造だと47年という法定耐用年数が決められています。「新築の建物はこの期間をかけて減価償却してください」ということです。

しかし不動産の場合、物件の価格は土地の価格と、建物の価格それぞれに分かれて、土地はいつまでも残るという理由から償却資産とはなりません。建物は古くなれば劣化するので、減価償却が認められています。

これが築古の木造だと最短4年で償却することが可能です。なぜかというと、耐用年数を超えている建物、もしくは残耐用年数が4年未満のものは、4年間で償却することが認められているからです。

（法定耐用年数　－　経過年数）＋　経過年数　×　0・2

事例のアパートは、法定耐用年数22年のものを築21年の時点で買ったものなので、

残り1年。これに経過年数の21年×0・2で4年合算して5年で償却することができます。

ここで、購入時に売主と折衝するポイントを紹介しておきます。

それは「**土地と建物の比率をどうするか**」というものです。

築古の物件の場合、基本的に建物の価値はほぼ残っていません。それでも売買契約の書類上、建物部分の価値を少しでも大きくできれば、減価償却による節税額が増えることになります。

ここでまた、少し難しい話をします。

先ほど、この事例の売却にあたっては5年間で「元本返済が進み、残債が減る」と書きました。一方、帳簿上の価格である簿価は5年間で建物の1000万円分がゼロとなり、土地だけの価値2000万円となるとします。

そうすると、売却時の原価は簿価である2000万円となります。

それが3000万円で売れたのであれば、差額の1000万円が利益となります。

1000万円は〝利益〟なので、当然のことながら、この1000万円に対して譲渡税がかかります。

さらに、この譲渡税には2種類あり、保有期間5年以下の場合「短期譲渡税」として約40%が住民税と合わせて課税されるというもの。そして、もう1つは保有期間が5年を超えた場合「長期譲渡税」となり、税率が20%に半減するというものです。厳密には、取得日から満5年を経過した後の最初の1月1日以降です。

そのため、1000万円の課税利益が出たとすると、短期譲渡の期間だと400万円、長期譲渡の期間だと200万円の支払いで済むということです。

これが「購入から5年間は売却せず保有しましょう」とオススメする理由です。

ただし、これはあくまで個人の話で、法人で取得した場合は、いつ売っても税率は変わりません。法人の場合は短期・長期の別はなく、また譲渡利益という特別な考えもないため、トータルの利益に対して一律の課税となります。

ここで改めてキャピタルゲインを計算すると、5年間の元本返済分が貯金代わりとなり売却利益が手元に残ります。これは先ほど書いたとおりです。

一方、帳簿上の利益が1000万円ですので、5年保有で長期譲渡税の20%が課税されます。その差額がキャピタルゲインということになります。

事例の投資家さんは、特別に築浅の物件を買ったわけでも、高収益の物件を買ったわけでもないですが、5年間のキャッシュフロー（インカムゲイン）にくわえて、キャピタルを得られたのです。

これが5年所有して売却する不動産投資の考え方です。なお、アパートローンなどで30年などの長期にわたって返済を行なう融資の場合は、5年程度の返済ではまだ残債が多額に残っているため、少なくとも10年や15年は保有して売却しないと利益が出にくいということも念頭に置いておく必要があります。

第2章

僕が不動産投資を始めた理由

不動産投資を始めるまでの僕は、投資といえばせいぜい株くらい。「借金をして不動産を買う」なんて、思ってもみないことでした。

そんな僕が、どのような経緯で不動産投資を知って、どのように知識を得たのか。そして、レバレッジを最大限に求める投資法との出会い・・・がむしゃらだった当時を振り返ります。

1 きっかけは2008年のリーマンショック

もともとのきっかけは、2008年のリーマンショックで、それまでやってきた株投資に不安を感じ、新たな資金の運用先を探し始めたことに端を発します。株投資を始めたのは2000年くらいからだったと思います。

当時ITバブルの流れに乗って、大和ハウス工業からITベンチャー光通信に転職した僕は、出向した子会社でストックオプションをもらい、その会社が上場した暁には少なく見積もっても数億円の資産を掴むことができる権利を得て意気揚々でした。同僚の中には早々と高級スポーツカー「フェラーリ」の見積もりを取ったりする人も現れ、社内は完全に浮き足立った状態でした。「目指せ！　店頭公開」などと書いた黄色いハチマキを巻いて、体育会系のノリでがむしゃらに働いていました。

しかし2000年を超えた頃に、当時24万円あった光通信の株価が一気に急降下し、数ヶ月のうち50分の1程度になってしまったのです。

このとき株価の下がりきった自社株を、ボーナス代わりにワラント債という形で受け取っていました。もらった当時は200万円くらいの価値だったものが、そのまま放っておいたら数年後には1000万円以上の価値に膨れ上がっていました。

数億円やフェラーリは夢と消えましたが、より現実的な額を株で作ることができたことに味を占め、それから株に興味を持ち始めたのです。


特にこれといった目的があったわけでもなく、ただ単純にお金を殖やすゲームをやっている感覚で、株式の売買をしていただけでしたが、それでもいつの間にか紙の資産は2000万円を超すようになっていました。

しかし、そんなある日曜日のこと、夜テレビを見ていたら、ホリエモンことライブドアの堀江貴文社長が逮捕されたという緊急速報が飛び込んできました。

当時、ライブドアの株式を200万円相当保有していた僕は、「これはまずい!」と慌ててパソコンに向かい金額を指定しない成り行きで売り注文を出しました。

しかし翌月曜日の早朝から殺到した売り注文に市場は混乱をきたし、まったく売買が成立しないまま連日のストップ安を記録し、結局この200万円はほぼ紙切れ同然になってしまったのです。２００６年のいわゆるライブドアショックでの出来事です。

それからもまだ懲りずに、今度はこのライブドアで失った２００万円を取り返そうと、さらに株式投資に深入りしていきました。当時一大ブームとなった中国株やベトナム株、さらにはインド株を間接的に売買するアメリカのＡＤＲ（米国預託証券）などにも手を出していったのです。

そしていよいよ迎えた２００８年のリーマンショックで、また数百万円規模の資産を一瞬で失ってしまったのです。これで株投資には完全に懲りました。

もっとも、もともとはタダでもらったストックオプションやワラント債が元手ですから、いわば０のものが２０００万円まで増えて、それから１５００万円まで目減りしただけで、実質の損が出たわけではありません。

それでもこんなジェットコースターみたいな資産運用では落ち着いて眠ることすらできません。「もう二度と株はやりたくない」とこの時に思ったのです。

② 実体のない紙の資産から実物資産へ

株投資に懲りた僕は「実体のない紙の資産は怖い。これからはもっと堅実な資産を買おう」と、虎の子の1500万円の再投資先を探すようになっていました。

そんなとき、たまたま読んだ『金持ち父さん貧乏父さん』（ロバート キヨサキ著・筑摩書房）という本に出ていた不動産投資という手法に「これだ！」と叫び、その足で図書館に行って大量に不動産投資の本を借りて来たのです。

不動産投資に対して抵抗を感じなかったのは、新卒で入社した大和ハウスで店舗建築の営業をしていた経験があったからだと思います。アパートは直接の担当ではなかったものの、隣の事業部にいて、同じ地主さんにアパートではなく「店舗や事務所といったテナントに貸す建物を建てましょう」という営業をしていました。

だからロバート・キヨサキの本も決して荒唐無稽なことではなく、現実味のある話として受け入れることができたのです。

ただし、大和ハウスで働いていたときは、まさか自分が大家さんになるなんて夢にも思ってもいませんでした。それは当時、アパート経営は土地を持った地主さんが相続税対策で行なうもの、という常識に支配されていたからでした。

そのため不動産投資関連の書籍に出てきた「オーナーチェンジ」という専門用語を目にしたとき、「あ！」と思わず声を上げてしまいました。理屈としては一瞬で理解できるこのスキームに、これまでまったく気付かなかった自分に驚いたのです。

不動産投資をはじめるにあたって妻の反対はありませんでした。妻は値動きの激しい株が嫌いで、「株投資をやめて」とずっと言われ続けていました。今の株価で資産総額が1500万円だと伝えても、実際のお金じゃないから信用もしない。だから不動産投資を始めるというより株を手仕舞いすることを歓迎したようでした。また妻のお父さんが大工ということもあり、僕とは別の意味で建築に対して馴染みがあったようです。

ともあれ1500万円の株の一部を現金化して、不動産投資をスタートさせることを決意しました。

3 図書館を使った不動産投資の勉強

２００８年から1年間は不動産投資の勉強をしました。たしかに『金持ち父さん貧乏父さん』には影響を受けましたが、これは言ってしまえばアメリカの昔の話です。「小さな不動産を売って、より大きな不動産に買い換えていくことで税金を抑えられる」などと書かれていますが、「いまの日本でも、果たしてそうなるのだろうか？」という疑問が残りました。

「これはアメリカだけの話かもしれない、日本の事情をちゃんと勉強しないといけない」と思ったのです。

それで不動産の勉強をしようと図書館に行なったところ、不動産投資に関する本がなんと40冊くらいズラリと並んでいました。１回に10冊まで借りられるので、読了したら返却し、新しい本を借りてくるということを繰り返しました。

その時点ではまだ物件探しには行っていませんでした。最初の数ヶ月は借りてきた本を読んだりインターネットで情報収集するだけの日々が続きました。

しかし、本やインターネットには様々な情報が氾濫しており、素人の僕には真贋の判断がつきませんでした。ある本では「1棟マンションを買え」と書いてあったり、ある本では「いや都心の区分マンションを複数買ってリスクを分散せよ」と書いてあったり、またある本では「いやいや木造アパートを新築するのがもっとも良い」と書いてあったり・・・。

不動産投資は資産形成の手段であって、その人の目的に応じてどんなアプローチが最適なのかは変わります。いまの僕であれば、一概にどの投資手法だけが良いというようなものではなく、「どの投資法も間違いではない」と判断できますが、当時はとても混乱してしまいました。

情報をたくさん集めていく中で、自分のスタイルを見出すまでに、少し時間がかかったように思います。結局、この1年で読んだ不動産投資関連の本は60冊を上回りました。

④ レバレッジ効果を最大に求める投資法との出会い

ある程度、自分の中で情報を整理できるようになってからは、本を買ってじっくり読み込んでいくようになりました。そして２００９年の年明けからは、不動産投資のセミナーや勉強会にも参加するようになりました。その中で当時最も合理的だと思えた手法が今田信宏さんの光速不動産投資法でした。

実は最初、新築アパートに魅力を感じて、白岩貢さんの勉強会に参加していました。白岩さんは「目黒・世田谷のブランド立地に長期間苦労しない新築アパートを建てよう」という投資法を提唱していました。

新築アパートは資産構築になるし安定経営も魅力的でしたが、当時から人気の目黒・世田谷エリアに土地はなかなか出ませんでした。これでは、チャンスはなかなか巡って来ないと判断して、中古のＲＣマンションをオーナーチェンジで買う手法に傾いたのです。

中古一棟マンション投資法は物件優先でエリアは全国不問なのですが、僕は先の白岩さんの目黒・世田谷というインプットが影響して、対象エリアを都内23区に絞ってしまったのです。そのようなエリアで利回り10％以上の高積算のＲＣ１棟マンションなど出るはずもありません。色々な情報にはそれぞれ意味があり、それを混ぜ合わせても最適な結果を生むとは限らないのです。

ところで、この中古一棟マンション投資法は、不動産投資の最大のポイントを「融資によるレバレッジ」であると説いていました。金融機関目線で融資を受けやすいＲＣ造１棟マンションの物件を見付けてフルローンで購入し、とにかく最速最短でサラリーマンをリタイアしようというのが趣旨でした。

理論がシンプルで分かりやすく、またサラリーマンという属性を利用して物件を購入するという手法も当時の僕の状況にマッチしており、「これで行こう！」とそのときは思いました。

この手法は早期リタイアが第一目的の投資法でしたが、僕はそのころ会社を辞めるなんて、まったく考えていませんでした。僕の場合はまだ株投資の延長線上で、「不動産の運用益で少しでも収入を増やせればいいかな」という程度の感覚でした。

5 金融機関と不動産会社を開拓！

この頃から金融機関と不動産会社の開拓も併せて行ないました。

特に金融機関へは、会社の昼休みを利用して都銀・地銀・第二地銀・信金・信組など行ける範囲の金融機関すべてに訪問し、融資スタンスをヒアリングしました。

具体的にはダミー物件を持ち込んで、融資の土俵に乗るか否かを見極めようとしました。ダミーと言うと語弊がありますが、「融資が付くようなら真剣に検討してみようかな？」という程度の都内の一棟マンションの販売図面を持って、「この物件を購入したいのですが融資は可能でしょうか？」と聞いてまわったのです。持ち込んだダミー物件は1億円くらいのＲＣマンションです。

当時はサラリーマンへの融資は厳しく、残念ながら手応えは全然ありませんでした。まだ一棟も所有しておらず、不動産投資を始めていなかったからかもしれません。僕の感覚からすると、初めての人の方が無借金の状態であり有利だと思います。

たまたまあたった支店の担当も悪かったのかもしれません。話を聞いてくれても結局、「頭金は最低でも3割は入れてもらいます」というそっけない姿勢が多かったと記憶しています。メガバンク、地銀などに関係なく「全体的に厳しい」という印象でした。

一方で、夜には不動産会社を訪問したり、週末にはセミナーに参加するなどして、最近の都内の不動産市況や投資家のトレンドを収集するなど、振り返ると、この時期がもっとも貪欲に勉強したと思います。2009年前半のことでした。

6 エリアを広げてようやく買えた初めての不動産

本格的にインターネットで物件を探し始めたのは2009年の春ごろからです。

数ヶ月が経っても、なかなかコレという物件に巡り遭うことができません。投資用不動産の専門サイト『健美家』(http://www.kenbiya.com/)の存在を知ってから、毎日パソコンに向かって2~3時間、投資物件を物色していました。

夏が過ぎてもあまりいい物件がないし、銀行から色よい反応もなかったので「本当に買えるのだろうか？」とだんだん不安になってきました。株投資から不動産投資に鞍替えすると決めてそろそろ1年が経とうとしていましたので、さすがに焦りはじめ、少し妥協してエリアを都内から神奈川県にまで広げてみました。

するとどうでしょう。これまで半年以上探してもなかなか見つからなかったような、高積算・高利回りの物件がゴロゴロ出て来たのです。

そして投資情報マッチングサイト『楽待』（http://www.rakumachi.jp/）に「神奈川県・RC・利回り10％以上」と登録しておいた買いニーズに対して、ポンポンと不動産業者さんからオファーが届くようになりました。

いままで都内という条件だと数ヶ月探しても全然見つからなかったような物件情報が、1週間くらいで3件も出てきたのです。検索条件の適正化の重要性を知りました。

そして2009年の秋に、神奈川県鎌倉市にRC造で積算評価が1億3000万円も出る、9000万円の一棟マンション、横浜市に5000万円のRCマンション、同じく横浜市内に7000万円の新築アパートの案件が同じようなタイミングで入って来ました。

当初、僕は上場企業に勤務するサラリーマンという属性と現預金1500万円、自宅やクルマなども含めて一切の借金がないという資産背景を生かして、3棟とも一気に購入してしまおうと企てていました。

しかし話を進めていく中で、新築アパートについては案件自体が消滅してしまったため、結果的には鎌倉マンションと横浜マンションの2棟を、この年に購入することにしました。その詳細については第3章でそれぞれ詳述しますが、ストライクゾーンを少し広げたことで、あっさり2棟のマンションオーナーになることができたのです。

⑦ 不動産投資事業で重視すべき指標

その後、僕は不動産投資の方向性を大きく転換することになります。

詳細は次の第3章にて詳しく説明しますが、そこには不動産投資における指標に対して、「なにを重視するのか」についての変化がありました。

そもそも不動産投資に必要な指標はいろいろあります。

「資産性」いかに資産価値が高いか

「収益性」いかに儲かるか
「安定性」高い入居率を維持し、いかに安定した経営ができるか
「流動性」換金性。いかに容易に売却ができるか

これらはいずれも不動産投資に必要な指標です。

これらがすべて高ければ、良い物件と言えます。しかし、**すべてを備えた物件というのはなかなか売りに出ません。**

売りに出たとしても表には出て来ず、業者間で売買されてしまってわれわれエンドユーザーには回ってきません。もしうまく回って来たとしても、投資家間の激しい競争の中、一瞬で売れてしまうでしょう。

ですから、なにかを我慢しなくてはいけないのです。では、この中でどれを重視するのが良いのでしょうか？　これは人によって議論があり、資産性が重要だ、いや収益性だと意見が分かれるところです。

僕が物件を購入した２００９年当時のトレンドとしては資産性重視でした。

実際には、銀行の考え方も変っていくもので、その数年前は収益性重視の融資も行っ

ていたこともあります。三井住友銀行がサラリーマン向けにフルローンを出していたころは収益性重視だったようです。

なお、2018年でいえば、収益性に軸足を置きながらも、物件の資産性ではなく借り手となる投資家自身の保有資産と経営能力に着目した評価体制となることが推測されます。

いずれにしても金融機関の融資に頼らずキャッシュで買える人は、これらの指標にはこだわる必要はなく、収益性だけを判断材料に物件を買うこともできますが、多くの人は融資を受けて購入します。

不動産投資のメリットのひとつであるレバレッジを効かせるために、または物件総額を購入できる資金を持たないため、普通は融資を組んで物件を買うのです。

かたや金融機関は貸したお金を保全するために**「資産性」**と**「流動性」**を重視します。融資をする側の金融機関からすれば、返済が滞ったときに抵当権を実行して物件を処分し、融資金を取り戻す必要があるからです。

つまり金融機関は融資金を保全し、予定した利息を受け取ることができればそれでよく、融資を受けて物件を買った債務者がそれ以上に儲かろうが儲かるまいが極論すればどっちでもいいことなのです。だから、金融機関にとって収益性はそれほど重要な指標ではないのです。

一方でわれわれ不動産投資家サイドはどうかと言うと、これは金融機関に返済し経費を引いて税金を支払った上でいくら儲かるかが最大の焦点です。

だから金融機関がいくらフルローンやオーバーローンで融資をしてくれると言っても、収益性の乏しい物件つまりキャッシュフローの低い物件を買ってしまったとしたら、まったく儲からないということになります。

これも後ほど第3章でその経緯を詳述しますが、僕が資産性重視の買い方から収益性重視の買い方にシフトしていった理由が実はここにあるのです。

これをうっかり逆の買い方、つまり資産性を重視した買い方をしてしまうとどうなるかについて、ここで触れておきたいと思います。

8 資産性重視のデメリット

収益性を重視せず、資産性の高いＲＣマンションなどを買う場合のデメリットについて述べます。

極論すると、**資産価値が高い＝税金が高い**と言えます。

まず、資産価値が高いということは、当然固定資産税評価も高いということですから、毎年かかる固定資産税・都市計画税の課税額が大きいということになります。場合によっては、受け取る家賃収入の２ヶ月分近くを固都税に持って行かれるというケースもあります。さらには、固都税というのは管理費と違って入居率の如何に関わらず課税されますから、入居率が下がってしまった場合には、受け取り家賃の３ヶ月分や４ヶ月分に相当することにもなりかねません。

また、相続税も同じように高額になる可能性があります。相続税については、まだまだ先のことと思ってあまり真剣に考慮していない投資家が多いですが、若くても不慮の事故で亡くなることもあり得ますので、当然対応策を織り込んでおく必要があります。若くして亡くなり、悲しみと相続税の二重苦を味わうのは残された家族です。最低でも**団体信用生命保険には加入しておくことが不動産投資を行なう上でのマナー**だと僕は思います。

それから、資産性の高いRCマンションなどでは建物比率が大きく積算を押し上げているケースが多いですが、この場合、もちろん減価償却費を毎年大きく取れます。減価償却は実際にキャッシュアウトしないのに算入できる経費ということで、これが大きいと毎月のキャッシュフローが改善します。

この点においては資産性の高さはメリットに見えるのですが、実は売却するときに償却額が大きいと帳簿上の簿価は小さくなり、売却額とのギャップが大きくなってしまいます。

その結果、譲渡税を多く支払うことにつながります。

売却しない場合でも、建物や設備の減価償却が終わったあとにデッドクロスを迎えることになりますので、あまりにも建物の比率を大きくすることも考えものです。

税金は、結局のところ「いつ払うか?」というタイミングの問題だけですので、今の税金を抑えることだけに躍起になってもあまり意味がありません。人生、あるいは数代にわたる家系を考慮した節税を考える必要があります。

先ほどの不動産投資と不動産投資事業の違いにリンクしますが、資産性で買うのは不動産投資であり、爆発的に稼ぐ必要のない、静かな資産保全のステージで有効と考えます。

またRCマンションは、試算上での見かけの数字がよくても、思った以上にリフォームや修繕などの変動費がかかってくることはよくあります。実際に鎌倉のマンションを回してみての感想ですが、意外と儲からなかったという現実がありました。

9 なぜ地方高利回りなのか

不動産投資事業にとって「収益性」が最も重要な指標だとして、ではなぜ地方高利回りを追求する投資スタイルがよいのでしょうか?

これに対する僕の答えは二つあります。

まず一つ目は**「競合が厳しくない」**という点です。

都心に比べて地方の大家さんは、賃貸経営にそれほど熱心でありません。彼らはもともと農家の地主という場合が多く、先祖代々受け継いだ土地を次世代へ承継するための相続税対策としてアパート経営を行なっているケースが多いです。

所有している田んぼや空き地にアパートを建てることで、その土地は「貸家建付け地」となります。貸家建付け地は、土地の流動性評価が下がり相続税評価額が低くなります。またアパートの建設資金を借入れすることによって、負債と資産とを一時的に相殺するのです。

この方法論でアパートを店舗に変えたスキームが、僕が大和ハウス時代にやっていた仕事でした。いずれにせよ、そのときの感覚を思い出してみても、地主さん本人は好きで賃貸経営を行なっているわけではないため、建物の管理や運営に関する知識や興味は希薄なことが多いという印象でした。

ここから考えても、地方の大家さん、つまり税務対策でアパート経営をやっているような地主系の大家さんと賃貸付けなどを争えば、不動産投資家が勝つケースが圧倒的に多いと思います。

二つ目は「入居ターゲット層が厚い」という点です。

その理由の前にこの投資スタイルを再度整理すると、「地方」または「築古」の「高利回り」物件を「高稼働」させるということですが、実はこのほかにもう一点、入居者属性が「低所得者向け」の物件を運営している点も見逃せないポイントです。

これは、つまり「入居ターゲット層が厚い」という意味で、この投資スタイルのメリットだと考えます。

不動産投資事業を行なう人は大抵、いわゆる高属性の人が多いでしょう。そういう人が住む住居と言えば、持ち家や賃貸でも洗練された機能的で広い部屋が多いことと思います。

しかし世の中的には、そういう人はどちらかと言うと少数派であって、マジョリティは年収300万円前後の低所得者層です。現に国税庁が公表しているサラリーマンの所得分布は上図のとおり、200～400万円台がもっともハイボリュームゾーンとなっています。

年収300万円の低所得者層は、住むところだってそんなに贅沢はできません。収入に対する支払い家賃の占めるウエイトは2割と言われることからも、家賃5万円の木造アパートにやっと住めるという人の方が多いのです。だとすれば、賃貸経営をするなら、その層をターゲットとする方が手堅いと思いませんか？

さらには、そうした層の入居者はそれほど贅沢なことを言わないものです。一概にいえませんが属性が高くない人は、共用灯が切れてもそれほど気にしません。翻って僕が1棟目に購入した鎌倉の高級マンションでは、共用灯が切れたらすぐに入居者から管理会社へ電話がかかってきて対応を求められていました。

確かに、低所得者層の入居者には滞納のリスクは付きまといますから、保証会社を通すのは絶対条件ですが、今の時代、滞納が起こるのは家賃の高いマンションでも同じです。

また木造アパートは壁も薄くて「隣家の生活音が聞こえて来るのでは？」と想像してしまいますが、僕が所有するアパートではこれまで騒音トラブルは起こっていません。騒音が多少あっても「お互い様」という暗黙の了解で気にされない方も多いようです。それは、やはりなんといっても家賃が安いからだと思います。

くわえて生活保護、母子家庭、高齢者、外国人など、どちらかというと一般の大家さんが敬遠するような入居者も僕は喜んで受け入れています。

こうした理由からも、「地方」「築古」「高利回り」に加えて、「低所得者向け」の物件を運営する方が大きなメリットを得ることができるのです。

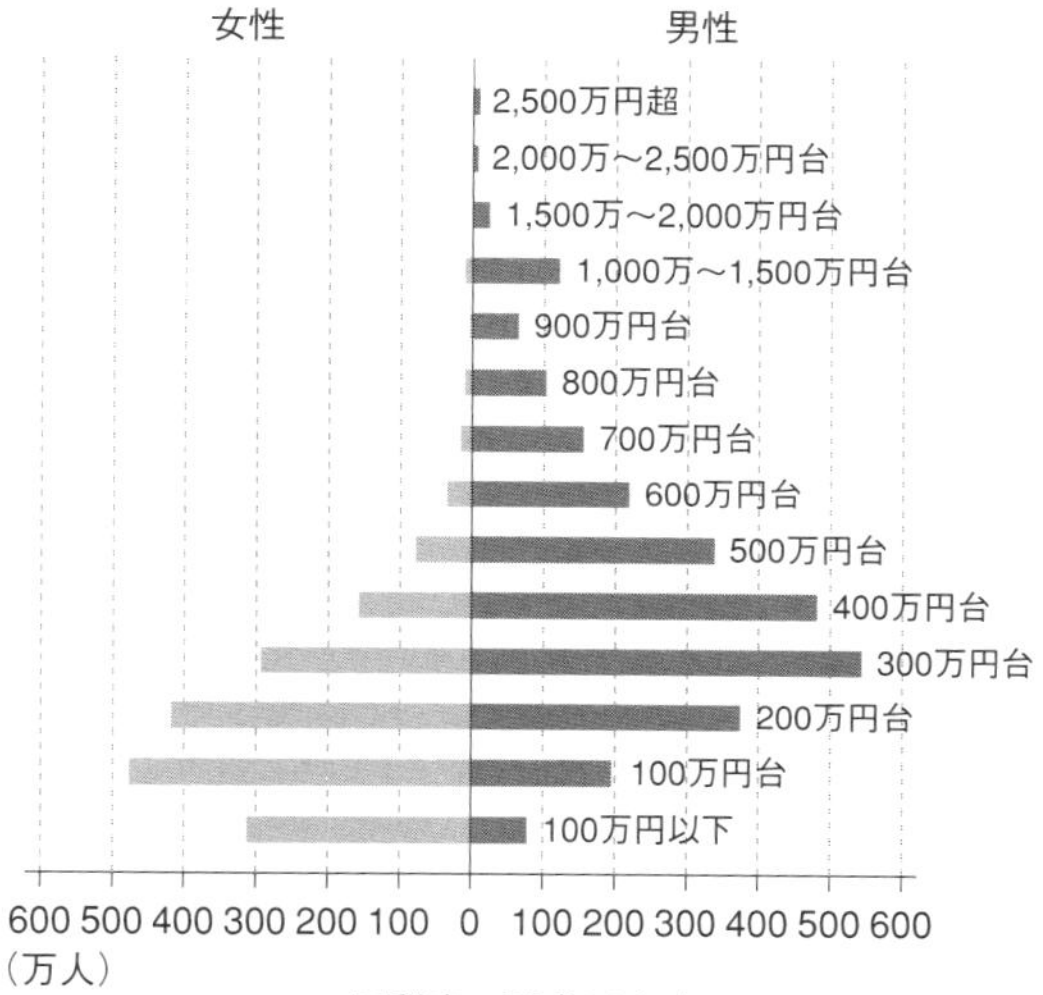

国税庁・平成23年度
「民間給与実態統計調査結果」より

第3章

18棟のアパートを買った僕の不動産投資歴

第3章では、実際に僕の買い進めてきたストーリーをご覧いただきたいと思います。僕が不動産投資を始めた当初は、まだそれほど融資が開いている時期ではありませんでした。

今後の市況も多くの金融機関が徐々に融資を引き締めていくことが予想されています。そうした中でどうやって買っていくべきか、一つの事例として参考にしてください。

1棟目　はじめて購入したRCマンション

2009年11月／神奈川県鎌倉市／築20年（購入時）／8700万円／表面利回り　11％

僕が初めて購入した不動産は、神奈川県鎌倉市のRCマンションでした。収益不動産専門サイト『楽待』へ登録していたところ、オファーがあった物件です。

このマンションは築20年、大きな2階建てでファミリータイプが7戸あり、駐車場5台分と外にも停められるスペースがあります。

なにより鎌倉という街は、由緒と風情のある高級住宅街のブランド立地であり、賃料が比較的高いのが魅力です。

提案を受けた翌日には現地を見に行きました。

実際に足を運んでみるとキレイな外観で、しっかりとした造りの低層物件でした。満室稼動だったこともあり、その場ですぐ購入を決めて買付証を提出しました。

このマンションの売り出し価格は9000万円でしたが、仲介会社さんの頑張りで300万円の指値が通り、8700万円で購入できました。

サラリーマンの僕にとっては大きな金額でしたが、金融機関の目線で融資が出る物件であれば理にかなっているのだろうと感じました。

当時はまだ「古い木造アパートなんて怖い！」と思っており、RCマンションを信頼しきっていたのです。木造は白アリや湿気に弱いというイメージから勝手に不安を抱いていました。一方で、RCは銀行の評価も高く、構造も堅牢であると考えていました。


さて、仲介の不動産会社さんから案件をもらったのが2009年の秋、それからわずか1ケ月半で引き渡しが完了するスピード決済でした。

それというのも、この物件は既にスルガ銀行の評価が取れている物件ということで、決済は非常に速かったのです。スルガ銀行といえば金利も3・5～4・5%と高く、投資家の間では「どこからも借りられなかった人が最後にたどり着く銀行」と揶揄されていた時代でした。

そのため僕も、まずは自力で三井住友銀行や横浜銀行などをあたってはみたものの、あまりに審査スピードが遅く、そうこうしているうちに二番手の買付けが入ったという連絡を受けたのです。

そのため、あとで借り換えをする前提でスピードを優先し、スルガ銀行から融資を受けて購入に踏み切りました。融資を引けたのは9割で、残りの1割プラス諸費用で1200万円を使いました。

2棟目　メゾネットタイプのRCマンション

2009年12月購入／神奈川県横浜市／築20年（購入時）／4300万円／表面利回り　11％

2棟目は横浜市にあるRCマンションを購入しました。これも『楽待』から届いた

提案で、築20年、表面利回り11％のファミリー向け物件です。

戸数は4戸と少ないながらも1戸あたりの面積が70㎡超、広めのメゾネットタイプです。内装のスペックも非常に良い高級賃貸マンションで、駐車場も4台ついていました。


不動産会社の担当が紹介してくれたのは、りそな銀行のアパートローンでしたが、頭金1割の9割ローンでした。

そのころ資金の一部が株券のままで現金が手元にありません。株を売ろうにも好条件で売れず、なんとかフルローンにしたいと思いました。

それもあり、今回は自分で融資付けを行なうことにしたのです。

最終的に三井住友銀行で1・975％の金利で満額融資が下りましたが、そこにたどり着くまでは、先のスルガ銀行の融資と対照的に、多くの金融機関を自ら当たるはめになり苦労しました。

おかげで融資付けに関しての実践的な勉強となりましたが、頭金1割の自己資金が準備できないと、非常に骨が折れることを思い知らされた取引でした。

そして昨年の2017年から物件そのものが少なくなり、利回りも昔に比べると低くなっています。しかし融資に関してはやや厳しくなったとは言え、積極的な金融機関がまだまだ多くあります。また、フルローンや一定の預金協力をすれば、諸費用まで融資をしてくれる金融機関がいくつかあり、ファイナンスの部分については随分とラクになっています。

そもそも金融機関が融資に積極的だからこそ、物件価格は上昇するわけですから、**融資と利回りには密接な相関関係がある**のです。

この時は、東京と横浜にある都銀・地銀・第二地銀・信託銀行・信金・信組・農協の全てに電話をして、不動産投資事業に融資をしてくれる可能性のある金融機関を一次スクリーニングしました。それで反応の良かったところすべてに訪問して、融資の打診をしてみました。

多くの金融機関にあたって思い知ったのは、まず同じ金融機関でも支店によって対応がまったく異なる場合もあるということでした。

こうした電話スクリーニングの結果、5社へ訪問することになり、最終的に都銀2行と地銀1行、信金1庫の4社からの条件提示がありました。

「金利の低さ」と「融資期間の長さ」という2つの指標で三井住友銀行に融資をお願

いすることに決めたのです。

融資期間30年、金利は1・975％で借りられたので、まずまずの結果です。金利が低く融資期間が長ければ、すなわち毎月の返済額が少なく、収入に占める返済比率が小さくなります。

今後、次の3棟目を購入していくにあたり、金融機関から見た融資先として、健全な債務者と認識されることは非常に重要です。その点を配慮し、条件面で金融機関を選定したのです。

融資はうまくいきましたが、苦労したのは自己資金です。

購入額までは融資をしてもらえることになりましたが、登記費用や仲介手数料、火災保険料などの諸費用で約7％、額にして300万円が必要です。前月に鎌倉マンションを購入した直後ですから、資金が足りなくなってしまいました。

実家の両親に反対される覚悟で費用の工面を相談したところ、なんとか一部の資金を借用することができ、2棟目も無事購入できたのです。

◇修繕費がかさむ1棟目のマンションを売却する

不動産会社とのご縁に恵まれ購入できた待望の1棟目でしたが、わずか半年で手放すことになります。2009年11月に取得して、翌2010年6月に売却しました。

この鎌倉のマンションは表面利回りが11％で、事前の試算では決して悪くない数字でした。しかし、委託した管理会社がとても保守的で、「ここが古くなったから換えましょう」など、お金のかかる提案ばかりされました。それは保守的というよりはむしろ営業行為の一環として、修繕の見積もりを送って来たように思えました。

その半年間で不具合のあった報告は屋上防水、外壁の目地のコーキング、外壁塗装、鉄部の錆び止め、外構のひび割れの補修、排水ルートの調整など、数えきれないくらいありました。

今の僕であれば、**購入と同時に長期修繕計画を考えて、必要な工事を最適なタイミングで実施するようにします。**また、**資金計画と併せて組み立てる**こともできます。

しかし、その当時は鎌倉へ頻繁に足を運べず、管理会社にほぼ丸投げの状態でした。

そのため現場の状況を正確に把握しきれず、管理会社から提案されてもノーと言えなかったのです。とはいえ、提案された通りの修繕をすべて行なっていては、とてもお金が続きません。

ただ、救いだったのは入居率が非常に良かったことです。

満室の状態で購入し、所有した半年の間に2室の退居はありましたが、募集をかければ即入居が決まりました。

それでも退居後の入れ替えでリフォームをしなければ次が入れられません。原状回復の見積もりも70㎡の部屋が2室で50万円規模の費用がかかりました。

ちなみに今の僕のスキルであれば、その半額程度のコストで済ませることができるのですが、その当時はリフォーム工事についても無知で、いいように管理会社のカモにされてしまったようです。

収支で考えると家賃は月80万円入り、返済で40万円が消えます。固定資産税の積立て、清掃費用や管理費用などを差し引いた上に、数十万円単位の修繕費や退居のたびに50万円のリフォーム費用が引かれて赤字が続きました。

さらに追い討ちをかけたのは、数百万円規模の外壁修繕費の見積書が届いたことです。財政的、それに精神的にもすっかり参ってしまいました。

「このままではお金持ちになるために始めた不動産投資で貧乏になってしまう」そう

本気で思いました。いつしか、管理会社から着信があるたびに「退居か？　それとも修繕か？」と怯えるようになりました。

今になって振り返ると、このときが我慢のしどころであったのかもしれません。ここを乗り越えて、不具合のある箇所を修繕さえすれば、それ以降は安定稼動してキャッシュフローをもたらしてくれたかもしれないという思いもあります。

しかし、当時の僕にこの状況は耐え切れるものではありませんでした。そして、いつしか「リセットしたい」と強く願うようになっていたのです。

そのようなタイミングで、知り合いの不動産会社を通じて売却をお願いしたところ、レインズ（不動産業者間の情報ネットワーク）掲載から数週間後に、「買いたい！」という人が現れ、とんとん拍子に売却の話が進んで行きました。

譲渡税や往復の仲介手数料の他、登記費用が火災保険の日割り計算、不動産取得税など、取得時に支払ったコストを加味して、顧問税理士の先生と売却額のラインを決めていきました。

そして、ほんの少しですが利益の出るように価格設定をして売り出したのです。それが最後に100万円ほどの指値が入ってしまい、ほぼトントンの金額で売れました。

それでも融資残高をすべて返済し、投入していた自己資金相当が手元に戻って来たのですから、「これで振り出しに戻ることができた」と安堵したものです。

また、株投資において損益ゼロで元に戻る取引は、単に費やした時間を失っただけに過ぎませんが、この鎌倉の物件購入から売却までの一連の取引では、確実に経験と知識を手に入れることができました。

3棟目 はじめての高利回り木造ボロアパート

2010年7月購入／栃木県大田原市／築25年（購入時）／700万円／表面利回り　25%

鎌倉での経験がトラウマとなり、僕は利回り至上主義に走ってしまいました。

つまり、銀行目線で評価の伸びやすいRCマンションではなく、金融機関がまったく見向きもしないがゆえ、驚くほどの高利回りでも売れ残っている木造ボロアパートや、空室率の高いマンションを買うように変更したのです。

これには現在アメリカで活躍中の石原博光氏の『まずはアパート1棟、買いなさい!』(ソフトバンククリエイティブ)に大きく影響されています。

最初に購入したのが、3棟目となる栃木県にある木造築古アパートでした。

物件情報は、収益物件を専門に取り扱っている不動産会社からのメールです。この会社は今後に購入していくこととなる、4棟目の箱根の物件も紹介してくれました。地方の高利回り物件も積極的に扱っていたのです。

当時、鎌倉のRCマンションを売却し、戻ってきた自己資金1000万円で、現金一括購入したこの栃木県のアパートは、絵に描いたような「地方」「築古」「高利回り」物件でした。

栃木県の北部に立地するこの物件は、昭和62年築で購入時は築25年。木造アパートのため、法定耐用年数の22年をオーバーしている文字通りの築古物件です。

間取りはファミリー向けの35㎡2DKが4戸と、各戸に駐車場もありスペックはまずまずです。

現在は木造アパートに融資をしてくれる金融機関も増えてきましたが、まだ当時は日本政策金融公庫以外にありませんでした。ただ、この時は次項で触れる「ある理由」から公庫に融資を断られています。それで今回は現金購入にしたのです。

このときに感じたのが、やはり現金での買付けは強いということでした。多少の指値をして700万円で取得しました。それ以降は一室あたり3万4000円から3万7000円のレンジで貸し出しており、年間の表面利回りは25%になります。

よく「少子高齢化が進む中、地方の中長期的な賃貸需要をどう思うか?」という質問を受けます。

確かに、将来的な人口減少や世帯数減少とともに、地方の賃貸経営は厳しさを増すことに間違いないでしょう。

しかし、それは都心とて同じで、**地方だから危険ということではありません。**

ましてや都心の交通手段は電車や地下鉄ですから、物件の力として「駅から徒歩何分か?」という、後天的な努力で抗うことができない指標が重視されます。

一方で地方の交通機関は電車ではなく、圧倒的に車です。これは将来に渡ってもあまり変化はないと想像します。

そのため、駐車場さえ完備されていれば、たとえ駅から遠くてもそれほど問題になりません。ましてや近くにスーパーやドラッグストア、病院に銀行など、生活に必要な施設さえあれば、それほど立地は問われないのです。

つまり、「不動産投資はロケーションがすべて」という考えは、都心ならではの発想であり、**地方ではエリア自体の選定を間違わなければ、微妙な場所の差など大した問題にならない**のです。

仮に僕が、その地に1000戸を供給するディベロッパーや、JREITなどの投資マネーを運用する大規模資本という立場なら、当然その商圏エリアの人口動態や、平均空室率などの数値情報を大いに参照することでしょう。

しかし、実際は個人投資家として、せいぜい4～8世帯、多くても数十世帯のアパートやマンションを1棟のみ運営するだけなら、そのような**マクロデータは一切要りません。**

最悪の場合でも、周囲の競合アパートへ「引っ越し代も当方負担！」と書いたチラシをポスティングしてでも、自分のアパートの数戸の空室を埋めることができればよいのです。

ちなみにこの栃木県大田原市のアパートも、エリアとして生活が完結する街であり、また大きな工場や大学など、人口が集まる施設も多数存在しています。また、アパートの近所には大型スーパーもあり良い場所だと感じました。

しかし、いざ現地に行ってみたところ、物件はかなりボロボロで、空室のリフォームすらされていない状態でした。

その結果、空室部分のリフォームや、雨漏りの修繕などに多額の費用がかかり、表面利回りは高いものの、実質的な投資に対する利回りは、かなり下がってしまいました。

◇日本政策金融公庫の融資がストップ！

当初は日本政策金融公庫から融資を受けて、購入することを前提に進めていました。

そもそも公庫とは、中小零細企業の事業資金の融資を通じ、日本経済を活性化させる崇高なミッションに基づいて設置されている政府系金融機関であり、**投資家や富裕層の資産形成・資産運用への融資を嫌う**特性があります。

僕が窓口で担当者に内容を相談したところ、鎌倉のマンションを購入から半年という短期で売却したことが**「売却益目的の短期売買」**と見なされてしまったようです。

公庫から買ってすぐに売却したことで投機目的と見なされ、「この次に公庫で融資を受けたければ、2年間は売らずに実績を作ってください」といわれました。

その後も別の案件で、支店や担当者を変えながら、公庫の融資に何度かチャレンジしたのですが、やはり同じ理由で断られ続けました。

そして最初の担当者の言葉通り、2年間の喪が明けた瞬間に小口ではありましたが、リフォーム資金を「設備資金」として無事に借りられることができたのです。

この経緯からもわかるように、国の機関である**日本政策金融公庫は、実績と信用を重視する金融機関**です。そのため、毎月滞りなくしっかり返済さえ行なっていれば、次に物件を購入する際も実績を見て融通をしてくれるのです。それゆえ不動産投資家として、確保しておくべき金融機関のひとつと言えるでしょう。

さて、こうして取得した3棟目ですが、せっかく現金で購入することになったので、時期尚早とも思いましたが法人を設立して法人名義で購入しました。

通常は、**新設法人に融資は付きにくい**ものです。そのため、早めに法人名義で物件を取得して、法人としても不動産賃貸業の実績を作っておきたい狙いがありました。

そして、個人事業として黒字が余りに多く出るようであれば、節税としても使うことができるように、この段階から準備をしておいたのです。

◇東日本大震災で震度6の揺れに見舞われる

この栃木県大田原市のアパートは、栃木県の中でも福島県にほど近い立地にあるため、2011年の東日本大震災では、この一帯も震度6の揺れに見舞われましたが、幸いなことに大きな損傷はありませんでした。

木造建築の在来工法は、構造が軽いため意外と揺れに強いのです。建物が大きく揺れることで地震によるエネルギーを逃がしてくれます。

ただ、このアパートでは建物の被害が少なかったものの、入居者の勤務先が倒産したおかげで半分が空室になってしまいました。

隣の福島県では原発問題で住宅の不足を騒がれていた時期でしたので、僕は市役所へ電話して、被災者へ無償で住居を提供する旨を申し出ました。不動産賃貸業を営む者として、こういう形での社会貢献も大事だと思ったからです。

ところで、このアパートは先期いっぱいでその役目を終了しました。

それは「土地収用」といって、公共事業のために土地の一部が行政に買い取られることで、アパート自体を取り壊してしまったのです。

その補償として、行政から1600万円を受け取り、入居者を立ち退き移転させた上でアパートを取り壊し、残地は今後新たに戸建て用地として、さらに数百万円で売却する目処まで立ちました。

7年前に700万円で購入したこのアパートは、これまで稼働してもたらしてくれたインカムゲインが約1000万円強、そして土地収用の補償が1600万円、さらには今後の戸建て用地として、残地を500万円程度で売却ができれば、トータルで3100万円ものリターンをもたらしてくれる計算になります。

そして、この土地収用の最大メリットが、それによる**売却益は5000万円まで免税される税制優遇措置**がある点です。

狙ってできる投資ではありませんが、このようなラッキーに恵まれるのも不動産投資の醍醐味といえるでしょう。

4棟目 温泉街にあるRC店舗付きマンション

2010年9月購入／神奈川県箱根町／築22年（購入時）／RC店舗付きマンション3階建て／2500万円／利回り　20％

3棟目のアパートの取得から2ケ月後の2010年9月に、4棟目となる箱根の店舗付きマンションを取得しました。

これもレインズに登録される前の、いわゆる〝川上物件〟です。レインズを見ているのは不動産会社だけでなく、銀行からも注目されているため、これに載ってしまうと、その後の融資の組み立てがやりにくくなります。

観光地としても人気がある神奈川県箱根町の温泉街にあるこの物件は、箱根登山鉄道の最寄り駅から徒歩1分、土日は外国人も含めた観光客で賑わう立地です。

1棟目の鎌倉のマンションで中古の一棟RCマンションに懲りたはずでしたが、このときの僕は「利回り至上主義」だったことから、〝想定表面利回り20%〟という響きに魅せられ、一瞬で購入を決めたのでした。

外観はボロくて空室が多かったものの、多少の修繕費はかかっても高利回りであれば吸収できると判断したのです。

かくしてこの判断が甘かったことは後々に嫌というほど味わうことになるのですが・・・。

この物件は、店舗付きマンションとはいえ小規模で、1階に店舗が2戸、2階と3階に2DKの住居が4戸のみです。

1階の店舗は2戸とも空室、2階の1室は前の所有者が自己使用していたため、今回の売買にあたって退居。3階も1室が空いており、全6戸中で4戸が空室の状態でした。

入居者は近隣にある高級温泉旅館の従業員で、法人の社宅として借り上げている物件でした。場所がいいのに空室が多いのは、高齢の売主が何もしていなかったからです。

積極的に客付もしておらず、物件に自分で住んでいたので管理会社に委託もしていませんでした。つまり管理を放棄している状態であったようです。

そのため、現状の空室は確かに多いものの、きちんとリフォームして客付をすれば、満室にできる自信はありました。

というのも箱根は物件数が非常に少なく、賃貸需要に対して供給量が少ないのが特徴的なエリアです。そのため賃料は下落しにくいと考えていました。

◇最初の試練、震災の影響で退居者続出

しかし、物事はそこまでスムーズにはいきません。最初の試練は購入から半年後にやってきました。

東日本大震災による影響で、外国人観光客が誰もいなくなってしまい、既存で借りてくれていた旅館の経営を打撃したのです。

この影響で2戸のうち1戸が解約となり、ほどなくもう1戸も解約通知が届いたのですが、「賃料を下げてでも構わないから、どうにか契約を継続して頂きたい！」と無理なお願いをして、なんとか契約を継続してもらえました。

ほとんど空室になったところで、新築以来一度も手入れをしていなかった外観外壁を塗装し、リニューアルすることにしました。東日本大震災の揺れで、この建物の外

壁にも無数のクラックが入ってしまったのです。

当時はとにかく資金がなく、建物の半分ずつを2年に分けて工事しました。元々白い外壁でしたから、最初の年は何も考えずに白を塗りました。しかし翌年、もう半分を塗るにあたり、少し遊び心で今度は残り半分を黒に塗ってみるとコントラストが効いて、インパクトのある物件に仕上がりました。

この外装のリニューアルに併せて、建物の名称もお洒落な横文字に変更しています。このような地道な努力の甲斐があり、徐々にですが入居率も改善し、最終的には店舗も含めて満室となりました。その後、漏水によるトラブルもありましたが、現在に至るまで満室が続いています。

融資は再びスルガ銀行で頭金を1割入れて組みました。

仲介業者から紹介された支店が、数ケ月前の鎌倉マンション売却により一括返済をした支店であったため、最初は「気まずいな」と思ったのですが、僕の情報が全て把握できていることも手伝い、逆に審査スピードは非常に速く、メリットの方が大きかったのです。

これは後にわかったのですが、**売却による早期一括弁済は、実は銀行側からしても**

やむを得ない理由と受け止めてくれるケースが多いのです。

これがもし他行への借り換えのために一括弁済するパターンであれば、おそらく以後の取引はしてくれなくなるでしょう。

融資に限った話ではありませんが、**不動産投資の世界は非常に狭いため、たとえ縁の切れ目であっても礼を持って接するべき**だと改めて感じた一件となりました。

◇翌営業日に審査結果が出たスルガ銀行

ところでスルガ銀行を使うメリットのひとつに「審査スピードが速い」という点がありますが、この箱根の取得に関しては、なんと翌営業日で承認という異例の速さでした。

実際には金曜日の夕方に持ち込み、月曜日の昼に審査ＯＫが出たのですが、これは半期の締めの時期ということもあり、担当者が土日に出社して稟議書を作成してくれたおかげです。

おそらく融資残高を伸ばすためのノルマがあったのだろうと推測しますが、それにしてもこのスピードは投資家にとっても本当に助かります。

普通の地銀であれば、審査に3週間も4週間もかかるところがザラにありますが、そんなにゆっくりされては、良い物件なら間違いなく他者に買われてしまいます。

1億円以下の価格帯なら、「キャッシュバイヤー」と呼ばれる現金購入の投資家がごまんといるためです。

5棟目 次々と退居して空室率70%になった問題児アパート

2011年3月購入／千葉県野田市／築20年（購入時）／重量鉄骨造2階建て／2500万円／表面利回り 24%

5棟目が、本書のタイトルにもなった空室率70%のアパートです。この物件は千葉県の北部にあるアパートで、茨城県との県境に位置します。

これは2011年3月の東日本大震災直後に、2900万円で出ていたものを指値して2500万円で購入した物件です。

もともと高利回りだったものを、「更に指値をして利回り24%にもなったのだから、多少のことがあっても回るだろう」と甘くみてしまったのです。

なにより失敗の原因は、5棟目の取得となり、不動産投資に慣れてきたことから起こる油断でした。

杜撰な仲介の不動産会社の言うことを鵜呑みにし、自分でしっかり調査することなくぶっつけ本番で買った結果、中国人の売主に騙されてしまったのです。

震災直後のことでしたから、「地震被害の様子だけは知っておかなければ！」と、仲介会社に現地へチェックしに行ってもらい、送ってもらった写真だけ見て「大丈夫だ！」と判断しました。入居率も7戸中5戸が稼動しており、空室部分の室内もキレイにリフォームされていたので安心してしまったのです。

その結果、大変なことになりました。

購入後に現地へ足を運んでみたら、周りは田んぼばかり。とても賃貸需要がある地域とは思えません。そして購入時は7戸中、5戸は入居していたのですが、取得後すぐに次々と退居が続出したのです。

4ケ月後には5室の空室となり、なんと空室率70％。常識ではあり得ない賃貸経営の数値です。

不審に思って調べてみると、このエリアの周辺相場より2～3割も高い家賃設定になっていたのです。そしていずれの部屋も、ここ数ケ月の間に入居付けされた部屋ばかりでした。

そこで今さらながらハッと気がつきました。

あくまで推測ですが、**売却にあたり売主が「高利回り」を装うため、意図的に高い家賃で入居付けしたた**ものと思われます。

これでは入居者は定着せず、短期間で退居されてしまうことが容易に予想できます。もしかすると、既存の入居者も売主がスムーズに売却するために仕込んだ「協力者」だったのかもしれません。

それでも**投資は詐欺や脅迫以外はすべて自己責任**です。

購入前に、少しでも調べておけば発見できる瑕疵ばかりでした。売主の中国人も既に帰国してしまったので、遡求することもできず泣き寝入りしました。

そこで、僕はまずは満室にすることだけを目標に行動を起こしました。この顛末は前著に詳しく書いてありますので、興味があればご一読ください。

大変な苦労を強いられましたが、その分空室対策についての知識と経験が蓄積できたことは結果的によかったと思っています。

6棟目 学生向け木造アパート

２０１２年３月購入／埼玉県の郡部／築23年（購入時）／木造２階建てワンルーム／１２５０万円／表面利回り19％

千葉県の問題児アパートの購入から1年間は、空室対策に専念したため、この年は新規取得しませんでした。どうにか落ち着きを取り戻し、ちょうど1年後に購入したのが、6棟目となる埼玉県の郡部にあるこのアパートです。この物件も栃木県や箱根を仲介してくれた仲介業者からの紹介でした。

駅から徒歩12分の木造2階建てアパート、平成元年築のワンルーム8戸。これまでずっとファミリータイプばかりを買ってきた僕が、初めて購入したワンルームのアパートです。

入居者は近隣にある大学の学生で、ちょうど春の入退居に際する入れ替え時期。退居が4室出て、そのうち3室に新入生の入居が決まった状態でした。

千葉県の問題児アパートでは現地調査を怠り失敗してしまったため、今回は事前に仲介会社に依頼して、建物の状態や入居者に不審な点はないか？　また、周辺環境や賃貸付けの難易度、そして賃貸相場の妥当性などを入念にチェックしたものです。

現地調査は何も現地へ足を運ぶことだけではありません。遠隔でも調査ができる情報は実は多いのです。

実際、この物件も購入するまで、僕自身は一度も現地まで見に行っていません。

そもそも利回りが非常に高かったため、1日で買い付けが8本も入るほどの人気物件だったこともあり、その場で即決しなければならなかったからです。

ちょうど仕事で会議中に、不動産会社の担当者さんから「楫田さんが探されているエリアで良い物件が出ました！」という短いLINEが来ました。その場で担当の営業に電話をかけ、内容をヒアリングしました。

担当者はすぐに現地に出向いてくれて、「予想通り良い物件でした！」というメッセージとともに、外観や室内の写真が添付で送られてきました。

「満額で買うから買付を代筆してください！」と、僕も短いLINEを返信しました。

すでに仲介も3棟目になると、お互いに信頼関係が結ばれていますから安心して任せることができます。その流れのまま決済~引き渡しまで、彼を代理人としてお任せしました。

ところで、このアパートの利回りは異常に高いのですが、需要が近隣の大学のみに依存した危険な物件でもあります。**単一の大学や工場だけの需要に頼っていると、そこには移転や閉鎖といったリスクがつきまとう**からです。

そのため、今回は需要の核となる大学についても事前に調べておきました。すると、数年前に新棟を建設するなど、近年もこの土地に設備投資をしていること、国内だけでなくアジアの新興国に向けて学生の募集活動を積極的に行なっていることが分かり、少なくとも向こう10年は安定した需要を生み出してくれるに違いないと確信し、購入に踏み切ったのです。

また、万一この大学がなくなったとしても、高齢者や生活保護者など、低所得者層をターゲットに広げていくことも可能な立地であると判断しました。

このように、需要の変化や不測の事態に対応できる物件か？　エリアか？　という点は、物件選定を行なう上で非常に重要な視点となります。

7棟目 再建築不可の築古木造アパート

２０１２年３月購入／練馬区／築40年（購入時）／木造
２階建て、再建築不可／２３８０万円／表面利回り 17％

前項の６棟目アパートの決済・引渡しの裏で、僕自身が同日に決済したのがこの練馬の再建築不可アパートでした。

このアパートは接道の関係で再建築不可です。再建築ができない・・・つまり土地の価値が低いということです。

また、一旦更地となってしまえば土地の再利用ができないため、流動性が低く、普通の銀行や信金では融資をしてくれるところは滅多にありません。

そこで、ノンバンクの三井住友トラスト・ローン＆ファイナンスから融資を受けることにしました。

金利は団信込みで4・3％と高めですが、借入期間が30年と非常に長いこと、それに共同担保を入れることで、9割まで融資してくれる点がメリットです。共担には現金購入した栃木県のアパートを差し入れました。

共担がない場合は4割程度の自己資金を入れることで、再建築不可でも借地物件でも、耐用年数にかかわらず長期融資が可能になります。

この物件は、再建築不可の上に築40年と古く、手入れも行き届いていないボロアパートでした。

おまけに風呂なしで、共同のシャワー室がひとつあるだけですが、駅から8分と立地も良いため、家賃は4万円とそこその条件で貸せています。たとえボロアパートでも、家賃の安さだけを求める需要が確実に存在しますので、入居は安定しています。入居者は若い社会人と学生がメインです。学生時代に住み始め、そのまま社会人になってからも住み続けてくれている人が多く、外国人も2人います。

安い家賃の物件は、**入居者の間口を広げるなど、条件の敷居を下げることが入居付けのコツ**です。手をかけることなく高稼働できるのは不動産投資の理想です。

8棟目 工業団地にある鉄骨マンション

2012年12月購入／栃木県宇都宮市／築14年（購入時）／重量鉄骨造3階建て／7900万円／表面利回り 11％

2012年12月に取得した8棟目は、栃木県宇都宮市の工業団地にあるマンションです。

こちらも情報源は不動産会社から送られてくるメールでした。情報を受け取ったのが土曜日の早朝で、すぐに日本橋のオフィスへ飛んでいき一番手の買付けを入れました。この物件は数ヶ月前に8000万円台後半で売りが決まっていましたが、融資が付かず流れたそうです。

このため、物件を知っている投資家も多く、価格が下がったことに気づかないまま情報がスルーされたようでした。

いずれにせよ、都心の物件であれば一瞬のうちに買い付けが十数本も入るほどの物件が、地方になるとライバルが少ないというメリットになるのです。

この物件は売主が14年前に土地から仕入れて新築した案件で、高い建築費と豪華な設備のため収益率が悪く赤字が出ていたそうです。

本業で儲かった当期に、物件を損切りして売却することで節税ができると考えたようです。数ケ月前にローンキャンセルで滑っており、このときが11月でしたから、売主もあとがないギリギリの状態だったと思われます。

正にこのような状況は値切るのに打って付けのタイミングです。指値を入れて7900万円で購入することができました。

融資は、またしてもスルガ銀行にお願いしました。このときにはスルガ銀行も築年数の古い木造に融資をしないスタンスへ方針転換しており、逆にRC造や鉄骨造へ積極的に融資をするようになっていました。

1室50㎡の2LDKで世帯数15室に対して駐車場が1・5台分あるため、駅からの距離と関係なく常に高稼働が続いています。

地方は車社会なのでファミリー物件の場合は駐車場の確保ができれば満室経営が難

しくありません。

9棟目　リノベ済の築古RCマンション

2013年5月購入／栃木県小山市／築33年（購入時）／RC造3階建て／4000万円／表面利回り　10％

本書の改訂前を出版した2013年3月、ちょうどその頃に取得したのがこの栃木県小山市にある築古RCマンションでした。

僕の基本的な投資スタイルは、利回りが高い地方や築古の物件を購入して、買ったあとに入居率を改善させ、想定利回りを実際の利回りとして実現させていく手法でしたが、これには少なからずコストや手間や時間もかかります。

そのため多少古くても、しっかりと修繕ができている物件なら、取得後に出ていく出費も抑えられるため投資に見合う場合もあります。今回の小山市の物件が正にそのケースでした。

地方かつ築古なのですが、既に前オーナーが外観も内装もリノベーションした再生物件で、向こう10年間は何もしなくても良いと判断できたので購入しました。また、満室稼動している点も背中を押すポイントになりました。

前オーナーは、競売によって取得した物件を、バリューアップして転売しているセミプロの個人投資家でした。

内装も外観もキレイにしてあり、現在なら秒速で売切れてしまう物件です。融資は例によってスピード勝負のスルガ銀行です。

購入額には当然のことながら前オーナーの利益も乗っかった価格設定になっていることも分かっていました。

しかし、この時期は本業も多忙になっており、これまでのようにボロ物件を超高利回りで買って、そのあとに色々と手がかかるやり方に疲れてきていたため、商品化された物件の方がラクだろうと購入したのです。

10~12棟目 入居率50%の木造アパート3棟一括

2013年12月購入／群馬県太田市／築10年（購入時）／木造2階建て×3棟＋戸建1戸／5000万円／表面利回り　13%

この物件も、築年数がまだ浅いにも関わらず、満室想定利回りは13%と非常に高いのですが、現況の入居率が半分の状態でした。

それでも立地は悪くなくスペックも良さそうで、**3棟一括だから管理面も効率的に運営できそう**だと判断して購入しました。

築10年ですが、そのうち1棟は昨年に外壁塗装まで行っています。メンテナンスが行き届いているのに空室が多いのは、なぜだろうと思いました。

聞けば現売主はご高齢者とのこと。一人住まいのおばあさんがご主人から相続で引き継いだものの、賃貸経営にまったく興味も意欲もなく、放置していたため空室が増えたといいます。

また地方においては大事な駐車場についても、世帯あたり1台以上が確保されています。

地方の場合、どうしても車社会なので、駅徒歩圏立地以外は駐車場が少なくとも世帯数分を確保しなければ賃貸付けで苦しむ可能性があります。

ましてや、この群馬県太田市に至っては、スバル（富士重工業）の大きな工場がある企業城下町、車の保有台数も多いことで有名です。そのため十分な駐車場は必須で、このアパートはそれを満たしていました。

以上のような理由から、僕が取得して賃貸付けをしっかり頑張れば「間違いなく満室にできる！」と思って購入したのです。

ちなみに融資は、日本政策金融公庫で15年の融資をフルローンで引くことができました。その結果、優秀なキャッシュフローを叩き出してくれる優良物件になっています。

さらに、この物件には、古家が取り壊されたばかりの90坪の空き地が付いていたことも魅力のひとつでした。結果的にこの空き地は去年、大手住宅メーカーに８００万円で売却することができました。

13~14棟目 夜逃げのあった2棟一括アパート

2014年11月／栃木県宇都宮市／築18年（購入時）／木造2階建て×2棟+戸建1戸／2800万円／表面利回り 12％

妻を代表にした法人で、同じく日本政策金融公庫から15年融資で購入しました。

こちらも高稼働して毎月大きなキャッシュフローをもたらしてくれる優秀な物件です。

ただし1室が長期滞納の挙句に「夜逃げ」という事件がありました。

滞納は、売上げはあっても、実際にはお金が入って来ない「未収金」として処理することになります。つまり空室よりもたちが悪いのです。それも大量の残置物を置いたままですから、本当に始末が悪いです。

さらにはその残置物すら、**「自力救済禁止の原則」**というのがあり、退居が確定していない段階で、家主が勝手に夜逃げ人の荷物を撤去することが許されていません。

そのため、管理会社の担当者さんが役所に届けてくれて、かつ期日を切って当該部屋に「〇月×日までに連絡なき場合は残置物を撤去する」という趣旨の貼り紙をしてもらい、音信がないのを待って手続きに入らなければなりません。

夜逃げ対応には不要なコストがかかり、その間に次の入居募集もできないため機会損失が発生します。

滞納が始まったら即、**毅然とした態度で追及**しましょう。強く督促して退居になると困る・・・と弱腰になる大家さんもいますが、こういう不良入居者は早めに退居してもらった方が結果的には良いのです。

15棟目 低層RC貸し事務所ビル

2016年6月／埼玉県所沢市／築42年（購入時）／旧耐震RC2階建て／2600万円／表面利回り 8・8%／西京信用金庫

旧耐震でかつ利回りも決して高くはありませんが、こちらは知人の会社が一括借上げしている事務所ビルで、退居がないことが分かっているため敢えて取得しました。

基本的に僕は「買ってはいけない物件」のひとつが旧耐震のRCであると思っていますが、この物件に関しては、2階建てと低層でメンテナンスコストがあまりかからない点と、耐震補強工事も施していることから安心と思って取得しています。

16棟目
空室だらけの築古アパート

2017年11月／栃木県小山市／木造12世帯／築26年／2000万円／利回り18％

2016年以降は転売をメインに行なっていたため、購入した物件は棟数にカウントしていませんでしたが、2017年の後半からはこの方針を少し変更して、取得後に数年保有してインカムゲインを吸ったあとに転売することにしました。それで2017

年11月に久しぶりに保有目的で購入したのが栃木県小山市の木造アパートでした。

築26年と法定耐用年数は既に切れており、入居率も5／12と空室だらけのアパートですが、指値が通り満室想定利回りで18％になったため購入に踏み切りました。地方・築古・低入居と三拍子そろった物件ですから、購入希望者も少なかったようで、指値も1000万円近く交渉することができました。

当然ながら融資は難しく、いまは頼みの綱の公庫も厳しいため、法人で借りた運転資金を主な原資として現金で購入しました。

これから空室部分のリフォームと外装の修繕工事も行ない、春の繁忙期までにはしっかり入居募集できるように仕上げるつもりです。

17~18棟目 東海地区へ進出のきっかけとなる2棟一括木造アパート

2017年12月／愛知県東部の市2棟一括／木造22世帯／築21年／8800万円／利回り12％

再び買い進めて規模拡大すると決めたからには徹底してやっていくのが僕の主義です。愛知県を中心とした東海地区も、柔軟な金融機関がいくつかあるエリアであるため、重点的に物件探しをしています。

そんな中で、比較的程度の良い2棟一括の木造アパートで、空室も少ない物件が出たため、即日買付けを入れて投資家仲間に紹介してもらった金融機関で購入しました。融資は地元の信用組合で、土地値も割と出ているため、ほぼフルローンが実現しました。愛知県は虎視眈々と狙っていたこともあり、法人の支店を名古屋市内に登記して融資対策を施していたのです。

地方の物件で怖いのは、やはり家賃がどんどん下落していくことです。その点、このアパートは購入時点で既に法定耐用年数ギリギリの築古物件で、家賃も3万円台前半まで下落しきっていたため、これ以上は下がらないだろうという予測も立ち、購入に踏み切りました。

これで保有は17棟136世帯となりました。家賃収入は6000万円になります。

今年からは関西方面への進出も果たしたいと考えています。

◇脱サラリーマン！　12年間勤めた会社を退職

２０１５年の春、僕はそれまで12年間勤めたオリンパスという会社を退職しました。理由は色々ありましたが、大きくは二つです。

一つ目は、「他人に運命をハンドリングされる人生から、自分自身の意思でハンドルを握りたいと思ったから」。

５年前に会社が長年、粉飾決算とケイマン諸島などのオフショアを迂回した不正な会計処理を繰り返して来た不祥事が明るみに出て、一時オリンパス株価が７００円まで下落し、倒産の危機に瀕したこともまた理由です。

このとき、**優秀な人材から順に他社へ転職していき、何のスキルもない人間は不安な思いで会社にしがみつくしかありませんでした**。

結果的に会社は持ち堪えることができましたが、あのときにはインカムはオリンパスからのサラリーのみ、アセットは「財形」と称して長年、半ば強制的に積み立てて来たオリンパス持ち株会の貯まった株式のみ、という社員も多くいたはずです。

万が一、会社が潰れてしまえば、給与収入もアセットも瞬時にして失ってしまうのです。つまり、非常に脆弱なポートフォリオにあったわけです。

その点からいうと、僕自身、既に不動産収入が幾ばくかあったため、明日に会社が倒産してもすぐには困りません。

むしろ、いつか辞めて独立しようと企てていたため、その場合は少しキャッシュフローが弱いけれど時期が早まっただけ、と解釈して腹を括りました。**不動産収入という不労型収入が、気持ちの上での支えになってくれた**のです。

二つ目は、**「人生の折り返し地点を迎え、後半の復路は違う生き方をしたい」**と決めていたことです。

40歳という年齢は人生の折り返しポイントです。前半はサラリーマンをやってきたので、後半は違う生き方や働き方をしたかったのです。

◇夢のリタイア生活のはずが・・・2500万円を一瞬で失う!

退職してから時間ができたので、それこそ最初のうちは海外旅行に行きまくっていました。ビーチでボーッと過ごしていましたが、それもすぐに飽きてしまったのです。

もともと不動産が好きで、「不動産で食べて行こう!」と思っていたので、そのタイミングで転売を始めました。

全空ボロボロの一棟アパートを格安で購入し、リフォームして入居者を埋めて利回り商品として転売するビジネスです。

第1章で「不動産投資は投資でなく事業である」と書きましたが、もはやここまで来れば不動産業そのもの。宅建業の営業許可を取って本気で取り組むことにしました。

そんな折、2015年の秋に大きなチャンスが訪れます。

「20億円分のアパートをバルクで買わないか?」というオファーがあったのです。

とあるファンドが所有していたアパート群を、現在は個人投資家が保有しており、その出口として60棟を超える物件を引き受けないかという話でした。

それまで都心の不動産で10億円のマンションや、50億のコマーシャルビルなどといった物件情報ならたまに来ていましたが、僕にはまだ身の丈に合っていないと思っていました。

ところが、今回の話は額こそ20億円と大きいものの、一つ一つは数千万円レベルの賃貸物件です。これなら僕が保有しても運営できるし、なんなら一棟ずつをバラして売却することで利益が出せます。

仲介に入っていた不動産屋からは、「相田さんなら行ける!」とのことで、新生銀行で17億円までは金利1・2%で調達できているので、あと3億円だけ。自己資金をなんとか掻き集めるか、最悪メザニンとして金利は4%と高いが、新生プロパティファイナンス（新生銀行系列のノンバンク）から引っ張り、取得後に数棟を売却して打ち入れ返済するという話でした。

こうした、もっともらしいことを言われてその気になりました。仲介は日本橋に古くから営業している不動産屋ですっかり信じ込まされてしまったのです。

かくしてこの話は詐欺話でした。

思い出すのも嫌になるくらいですが、結果的には**手付金として2500万円をまんまと騙し取られました。**この不動産は取得できずじまいです。

正確には2000万円の手付金と、500万円のデューデリ費用という領収書だけが手元にあります。

現在はこれを取り返そうと躍起になるよりは、別のビジネスを加速させ、2500万円以上を稼ぐ方が早いし楽しいと感じています。

第4章

空室率70%でも回る「物件購入術」

不動産投資の成否は購入時点で決まるといっても過言ではありません。

それだけにどのような物件を選定し、どのように購入するかは不動産投資で最も重要な判断と言えます。そこで第4章では「僕がどのように物件を選定し、どうやって購入してきたのか?」という観点から、ノウハウを詳しく述べたいと思います。

1 不動産投資の勝敗は、買った瞬間に決まる

繰り返しになりますが、不動産投資に対する基本的な僕の考え方は、不動産投資を「事業」と捉え、一定の経営努力をして事業基盤を成長、安定させて行くべきというものです。

しかし、多くの方・・・特にうまくいってない方からの相談を受けるにつれ、「不動産投資の勝敗は、買った瞬間に8割がた決まっている」と改めて思うようになってきました。

やり方は一通りではないので、どんな状況であってもリカバリーの方法はあると思いますが、きちんと考えて戦略を立てて買っていった方が後々効率的です。それは突き詰めると「いかに利益の上がる物件を購入できるか？」という点に行き着きます。

利回りの高い物件というのは、様々な要因があって融資付けが難しいことへの裏返しでもあり、市場原理に基づけば「買いにくい→売れ残る→値段が下がる（指値も含めて）→利回りが上がる」となるのは当然の帰結です。

逆にいえば、一般の人が融資付けの難しい案件で融資をクリアすれば、リスクの低い高利回り物件を購入することが可能になるといえます。

不動産投資の勝敗はほぼ入り口で決まるとも言われますが、極論すれば融資を制することは、不動産投資を制することになるのです。

ここからは、どのような物件を選び、どのような融資戦略を組み立てるのか具体的に解説しましょう。

② オススメの不動産投資スタイルとは？

まず、僕の不動産投資スタイルは「地方」の「築古」で「高利回り」な物件を「高稼働」させるというものです。

「地方」とは都心の逆で、東京23区以外の地域を「地方」と総称しています。東京であっても23区以外の都下（たとえば町田市など）は地方に分類しています。

一般的には銀行の目線で、いわゆる一都三県（東京、千葉、埼玉、神奈川）は担保として管理しやすいため融資が付きやすい地域と言われますが、僕の場合はむしろそれ以外の栃木県や群馬県などの**北関東や、愛知県を中心とした東海地方が狙い目**だと考えています。

一方、都内などのキャップレートが相対的に低いエリアであっても、「築古」を選択することで高利回りを確保することができれば、「買い」と判断します。

「高利回り」はそのままの意味で、とにかく地方でも築古でも利回りさえ高ければ投資対象として合格です。ただしエリアの選定は重要です。僕は千葉県のアパートで失敗していますが、それは「古いから」ではなくエリアが悪かったのが敗因でした。

もちろん、地方よりは都心の方が管理も楽ですし、古いより新しい建物の方が客付けも決めやすいのは間違いありません。でもそのような物件は、売価も高くなり結果的に利回りが低くなってしまうのです。

古い建物でも割り切れば、古いなりに使えるのです。**法定耐用年数が切れたからといって、使えなくなるわけではありません。**あくまで減価償却の根拠となる年数に過ぎません。

確かに建物が古ければ、融資期間が伸びないというデメリットはありますが、逆に言うとデメリットとしてはそれだけだと僕は捉えています。むしろ、融資期間が伸びない、融資承認が下りにくいということは、すなわち買える人が少ない、つまり購入にあたってのライバルが少ないと考えることができます。

3 どうやって高利回り物件を見付けるのか？

いろんな人から「梠田さんはどうやって高利回り物件を見つけだしているのですか？」というような質問をよくもらいます。ここでは僕がどのように高利回り物件を見つけているのかを説明します。

まず情報源ですが、これは僕も至って普通です。多くの投資家と同じく収益物件検索サイトで情報を得ています。

☆チェックしている収益物件検索サイト
「健美家」 http://www.kenbiya.com/
「楽待」 http://www.rakumachi.jp/
「不動産投資☆連合隊」 http://www.rals.co.jp/invest/
「Yahoo! 不動産」 http://realestate.yahoo.co.jp/

Yahoo!不動産以外は収益不動産専門のサイトです。Yahoo!不動産は基本的には実需向けのポータルサイトですが、古家付土地を探すために見ています。築古のボロ戸建などを土地として購入し、再生して使いたいと虎視眈々と狙っています。

ネット検索も最初は大変ですが、続けていくと新着情報だけチェックすれば十分になり楽になってきます。出張などで10日くらいサボると、また一から検索しないといけないので大変ですから基本的に毎日見ています。

「不動産投資☆連合隊」は検索しにくいのが難点です。県ごとの検索になり、全国規模は検索できません。これは毎日でなく時間があるときにじっくり見ています。「健美家」や「楽待」に載っていない美味しい物件があるので定期的にチェックします。

4 高利回りはリスクの裏返し!?

「高利回り」について、もう一度解説します。ハイリターンとハイリスクは背中合わせですから、すべてを満たしたピカピカの物件が利回り20％のはずはありません。

よほど値付けを間違っているとか、相続や任売で売り急いでいるなどの特別な事情を除いては、市場の原理に従いなんらかのリスクの裏返しとしての高利回りであるはずです。

問題は「それがなにか？」ということであり、あなた自身が「何を犠牲にすることができるか？」次第だと思います。

僕の場合はそれが「地方」や「築古」という条件でした。これらはリスクではなくデメリットです。

リスクというのは可視化できない問題が潜んでいる状態のことであり、問題が可視化できていれば、それはデメリットであると言えます。たとえば、真っ暗闇の道を進むとき、「目の前に落とし穴があるかもしれない」という不確実な状態をリスクと呼びます。

一方、その道が明るく照らされており、「目の前に落とし穴があるから回り道をしなければならない」と認識できる状態をデメリットと呼びます。**デメリットには、回避手段がある**のです。

5 検索サイトは物件ではなく不動産会社との出会いの場

これらの収益物件検索サイトで探すものは、物件そのものではなく、実は〝**高利回り物件を取り扱う不動産会社**〟なのです。

最初は普通に、高利回りかそれに準ずる物件に問合せをしていきます。

しかしネットに晒されていて売れ残っているような物件には、だいたい何かしらのマイナスポイントがあるものです。デメリットやリスクの程度が小さいものが売れてしまい、大きいものが売れ残っていると思っていいでしょう。

僕は問い合わせの際に、必ずどんなデメリットがあるかを聞くようにします。

「こういうデメリットがあります」と掲載元の不動産会社から回答が来たら、「では今回は見送りますが、このエリアにこれくらいの条件で物件を探しています」と伝えて、今後物件を紹介してもらうように依頼するのです。

不動産会社にはだいたい傾向があり、高利回り物件を検索サイトに掲載している会社は、高利回り物件を探してくるのが得意なものです。

僕はこのような方法で、これまで200社くらいの不動産会社の担当とメールのやり取りをしていました。そうして関係を構築し、高利回り物件の情報を回してもらうようになったのです。

つまり、収益物件検索サイトに掲載されている物件を問い合わせすることによって、その物件そのものではなく、掲載元の不動産会社と知り合うきっかけを得ているのです。

問い合わせの際に、「このエリアで探していて、たまたまこの物件が条件に合いそうなので情報が欲しい」、もしくは、「同じエリアで同じような物件があるなら教えてください」とコメントを入れておけば担当者からメールで返信がきます。

物件の概要書やレントロールをメールに添付しているだけの事務的な返信の場合もありますが、その場合でもこちらから反応するようにします。「今回の物件を見に行きます」とか「見送ります」という判断を返答するのです。

これは礼儀というより、「見込み客」と見なしてもらうようにするためです。

不動産会社自身もこうした収益物件検索サイトに目を引く高利回り物件を掲載して、**問合せをして来る「見込み客」のリストを得ることが目的**のはずです。

だから、高利回り物件を買いたいのであれば、**自分が「見込み客」であることを不**

動産会社にしっかりとアピールすることが必要なのです。

そして次は、その会社の見込み客リストのうち、いますぐ買える準備ができている上位の見込み客を目指します。いくら裾野を広げて多くの不動産管理会社とやり取りをしても重要視される見込み客でないと優先的に情報を得ることができないからです。

ビジネスとは何業においてもそうかもしれませんが、不動産投資事業は特に最後は「人」対「人」のビジネスです。**買いそうにない冷やかし客や、うるさいクレーム気質の人、コミュニケーションをとり難い人などとは付き合いたくないというのが心情です。**

不動産会社も仕事とはいえ同じですから、「高利回り物件を買いたい」と思うのであれば、相手の立場に立って、「取り引きしたい」と思われる人物になる必要があるのです。

6 メールでのコミュニケーションは重要

このように高利回り物件を取り扱う不動産会社を探すには、情報の広さ（量）と、それぞれにおける関係の深さ（質）の二軸が必要です。

量を増やすには対面では非効率であるため、極力メールや電話などの非対面コミュニケーションを重宝します。特に僕のようなサラリーマン大家さんはメールだけのやり取りになってしまいます。

しかし、質を上げていくには、やはりメールだけでは関係が強化できません。そのため、僕はできるだけ不動産会社の担当者と会うように努めています。ただし毎回毎回会っていても無駄になる可能性もありますので、ある程度メールのやり取りを通じてコミュニケーションが取れる人かどうかを見極めるのです。

会えばコミュニケーションできる人であっても、実際に仲介をお願いするとなるとメールでやり取りも増えますので、結局そのときに効率が悪くストレスがかかります。

そのため最初の段階からメールでしっかり意思疎通ができる人を選抜するのです。僕は、こうしたやり取りを中心に、多いときには不動産会社からのメールが一日に数十通にも及ぶときがあるくらいです。

コミュニケーションがとれるということを、難しく捉える必要はありません。普通にメールのやりとりができればOKというレベルです。それでも世の中には、そんな簡単なことすらできない人も多いのが現実なのです。

⑦ 対面で強化する人間関係

不動産投資事業は人と人の関係が重要なビジネスです。同じものが二つとしてない不動産は一期一会であると同時に、それを運んできてくれる不動産会社の担当者との出会いにも「縁」を感じざるを得ません。

1棟目となる鎌倉のマンションを紹介してくれた鈴木さん、2棟目の横浜マンション、練馬の再建築不可の木造アパートの情報を持ってきてくれた後藤さん、最初の地方築古高利回りとなる栃木県の利回り25%の木造アパートや、箱根の20%ビル、埼玉の郡部の学生アパートを持ってきてくれた桜井さん。

彼らもみな、最初の出会いはたった一通のメールから始まっています。そして実際に会って打合せをし、「どうやって融資を引っ張るか?」という知恵を出し合い、買い進める中でどんどん仲良くなっていったのです。

ちなみに僕は、不動産会社の担当者さんに別に「いい人か否か」などという人間性は一切求めていません。最初はあくまで情報次第、物件次第のビジネスライクな人間

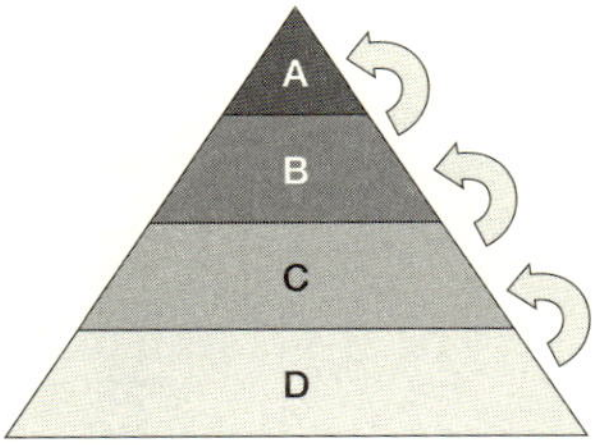

アドレスＡ：物件購入や管理会社、リフォーム業者など一緒に仕事をしたことがある人とやり取りするメールアドレス

アドレスＢ：実際に会ったことがある担当者とのやり取りのためのメールアドレス

アドレスＣ：そこから更に問い合わせして担当者とやり取りを行なうためのメールアドレス

アドレスＤ：問合せをして返信がくるためだけの、そしてその後会社のメルマガが配信されてくるだけの無機質なメールアドレス

メールアドレスの振り分け

関係です。

極論すると**人間的に嫌な人でも、いい物件を持ってきてくれる人でしっかりとやりとりできればそれはそれでいいです。**

しかし実際に、２棟目３棟目と紹介してもらうようになるには、やはり気の合う「仲間」としての要素が必要です。

対面で会えばその要素が養われるわけではないのですが、それを見極めることができます。そうやって、人間関係を取捨選択していくことが重要と考えています。

さらには、そういう担当者を何人掴まえるかが大事です。特定の担当者と仲良くして物件を紹介してもらい、成功している投資家さんを僕は何人も知っています。

ただ、人を絞れば絞るほど情報も絞られ

てくるので、間口は”広く薄く“というのと、実際に会ってからは”深く濃く“の2つを先ほどの図のようなピラミッド型にイメージしています。それぞれ専用のメールアドレスを使い分けることで、次のように分類・管理しています。

メールアドレスを用途に応じて使い分けるようなイメージです。ただし、ここでは並列でなく層に分けています。下から上に行くほど人数は少なく、関係は濃くなっていく4層のピラミッド型です。上層は全員の顔も性格も知っています。

一番上のアドレスAは人数にして30~40人くらいです。ただし、この層は下から上がってくるばかりでなく、依頼をしているリフォーム業者など管理業者もこのアドレスに含まれます。アドレスCのやり取りは100人くらいでしょうか。

8 広さは強さ・・・ファミリー向け物件を狙う理由

僕がベンチマークした石原博光さんは、所有している72室すべてが35㎡以上のファミリー向け物件でした。僕も全数ではありませんが、大半が35㎡以上のファミリータイプを購入してきました。

これは将来的な人口減少・世帯数減少による部屋余りのリスクに備えるためです。世の中の空室率が高まれば、なにも好きこのんで狭い部屋を借りずとも、単身でも広い部屋を安く借りることができるかもしれないからです。

また時代の流れとともに間取りのトレンドも変わってきます。部屋さえ広ければ、間取り変更も含めた部屋のコンバージョンも可能で、例えば55㎡の3DKをワンルーム化したり、格納式可動間仕切りを用いて2LDKにしたりと、現段階でも既に賃貸ニーズを機敏に読み取りながら自由自在に間取りを変えることができます。

これが10㎡の1Kでは手の入れようがなく、立地と価格などの条件面だけで勝負するしかありません。

9 買ってはいけないNG物件、失敗するハズレ物件の見極め方

さて融資戦略が決まったらいよいよ物件の購入です。せっかく高利回りの物件を見つけ、指値に成功しても、それを買ったあとに入居率が保てない物件だと意味がありません。

僕の失敗談から言える実感としては、利回りがいくら高くても買ってはいけない物件は、**購入後にお金がかかる物件と入居率が維持できない物件**です。

これらを掴まないためには、とにかく徹底的に現地調査するしかありません。あるいは、この事前調査をしっかりやってくれる仲介業者から購入すべきです。

購入後に修繕などに費用を要するか否かは、紙のうえで修繕履歴を眺めていても、ある程度の推測はできるものの、実際に現物を確認しなければ判断できません。また後者の「入居率が維持できるか?」についても現地へ行って、周辺の賃貸物件の入居状況を調べたり、近隣の賃貸仲介の不動産会社にヒアリングするなどで概ねの賃貸需要と供給のバランスが把握できます。

千葉県のアパートでの僕の失敗の原因は、ひとことで言えばこうした事前調査を怠ったということです。そうは言っても、毎週毎週、購入を検討する物件すべてを訪問して現地調査するわけにもいきませんから、ある程度は遠隔で効率的にスクリーニングする必要があります。

買ったあとにどうしようもないのは、まず賃貸需要自体がない物件です。借り手がいなければ、いくら家賃を下げようが入居募集をする不動産会社にAD（広告費）を積もうが、入居の決めようがありません。これを防ぐためには、現地に行く時間がないときは、「周辺にアパマンショップやエイブルといった大手全国チェーンの不動産仲介会社・管理会社が存在するか否か？」ということで大体判断できます。

これらの全国チェーン店は、フランチャイズ契約で地元の不動産会社が運営していることが多いですが、加盟・出店にあたってはFC本部が少なくともマーケットリサーチを行ない可否判断していますので、アパマンショップやエイブルがそのエリアにあれば賃貸需要はあると見ていいと思います。

その場合でも、「供給過多で空室率が高いエリアかどうか？」までは判別できませんが、少なくとも賃貸需要さえあれば、その中で勝ち抜いていくことは別の努力で可能です。それ以上に、まずは入り口の段階で最低限の賃貸需要があるエリアを選定することの方が重要だと考えます。

10 再建築不可の物件をどう考えるか？

7棟目に買った練馬のアパートは再建築不可物件です。このアパート単体で見ればあきらかに信用毀損にあたる物件です。こういう物件を買って良いか否か、迷う人も

著者 椙田拓也《すぎたたくや》から読者の皆様へ
～無料特典プレゼント～

<椙田拓也>1974年2月生まれ、兵庫県出身。不動産投資家の傍ら、不動産投資アドバイザーとして、自身の経験をもとに多くのサラリーマン投資家を育成している（融資サポートは総額160億円超）。2009年から8年で18棟136室のアパート・マンションを取得（現在は17棟保有）。所有物件100室以上となった2015年、経済的自立を達成しサラリーマンをリタイア。現在は自身も次のステージとして不動産の転売を中心とした投資活動を行いつつ、初心者へのアドバイスやサポートを継続している。

特典1. 読者限定 特典動画（30分）

動画内容：
◎不動産投資は事業！　目標設定は必須
◎不動産投資と融資は切っても切れない関係である
◎今の市況と過去のノウハウとのズレを認識する
◎供給過多な賃貸市場、ピンチをチャンスに変える！
◎いつの時代も変わらない、売却への考え方

特典申込み
〈スマホの方〉右のQRコードを読み取ってください。
〈PCの方〉https://sugitaya.net/channel
よりご応募ください。

特典2. 椙田拓也 少人数制勉強会 無料ご招待（先着順）

椙田拓也が毎月開催しているプライベートな少人数制勉強会（各回5名限定）に、本書の読者様に限って特別に無料ご招待いたします。

<2018年1月度　開催概要>
日時：2018年1月31日（水）19：00～20：30
場所：東京都港区（赤坂見附駅周辺）※詳細な場所は参加確定した方へ連絡します。

<参加申し込みはこちら（先着順となります）>

セミナー申込み
〈スマホの方〉右のQRコードを読み取ってください。
〈PCの方〉https://sugitaya.net/kushitsu70
よりご応募ください。

●2月度以降も開催！（予定はブログをご覧ください）

2000人が購読している椙田拓也公式LINE@

「椙田拓也の不動産投資で成功するLINE」にて不動産投資で成功し、幸せな人生を送る方法をどんどん無料配信しています。

〈スマホの方〉右のQRコードを読み取ってください。
〈PCの方〉「@kaf7097l」をID検索ください。（@をお忘れなく！）

多いのではないでしょうか？

これに関しては、前述の融資の項でも述べた通り、全体の資産と負債のバランスを損なうと信用毀損、債務超過の状態に陥ってしまいますので、そうならない範囲において購入することは可能だと思います。僕の場合は他の資産価値があるので呑み込むことができました。

その後、いろんな銀行にヒアリングしましたが、やはり「物件単体でこの一棟が再建築不可だからダメとは判断せず、持っている所有物件すべてトータルして、価値が毀損《きそん》してないかどうかを見る」という銀行が多いようです。

つまり、持っている物件の全体が整っていれば、中に一つ二つ信用毀損している尖った物件があっても問題ではないということです。このため、最初の一棟目から再建築不可だと厳しいですが、ある程度買い進んでいく中で入ってくる分にはかまわないでしょう。そういう意味で、むやみに信用毀損を起こすことを怖がることはないと思います。

第5章

どんな時代でも買い続けられる「融資戦略」

続いては築古＋高利回り物件融資の考え方です。融資によるレバレッジ効果があってこそ、資産を持たないサラリーマンであっても賃貸事業を成功させることができます。それだけに、融資をどのように組み立てるのかは重要です。

ここでは融資についての基本的な内容をはじめ、覚えておきたい融資戦略について解説しましょう。

1 融資によるレバレッジ効果

不動産投資のメリットは、その購入にあたり「金融機関からの融資を受けることができる」という点です。

つまり投資用語で言うと「レバレッジをかけられる」という点が大きなメリットなのです。

たとえば元手100万円で株投資と不動産投資において、利回り20％で回した場合の比較をしてみましょう。

シンプルにいえば、株投資の場合に得られるリターンは20万円ですが、対して不動産投資の場合、この100万円を頭金として1000万円の融資を受けることができます。

その結果、年間の家賃収入として200万円を受け取り、そこからローン返済や必要経費などを引いても100万円は残るイメージです。

つまり実際のリターンは100万円。ROE（自己資本利益率）という指標で考えれば、100万円の自己資本に対するリターンが100万円なので、100％のROEを達成することになるのです。

もっとも実際には、元本返済分は経費にならず、その代わりに減価償却費がキャッシュアウトしない経費として認められるなど、税金までを考慮すれば、もっと複雑な構造になります。が、わかりやすく言うと、不動産投資は融資によってレバレッジをきかせることができるため、他の投資商品に比べて数倍も有利だといえます。

② フルローンは本当に危険なのか？

このように融資でレバレッジを利かせることによって、高いリターンを得られる不動産投資ですが、一方でいわゆるフルローン（購入資金の全額を融資で調達する手法）のように、「融資比率を高め過ぎると危険だ」と言われることがあります。

当然、フルローンだと毎月の返済比率はいやでも大きくなりがちですから、とくに利回りが低い場合などでは、想定した家賃が退居や滞納によって入って来ないなどの不測の事態（僕からすると不測ではなく当然折り込んでおくべきイベントですが）に直面する可能性があります。

ですから、満室想定ではなく必ず実際の入退居の動きも踏まえて収支をシミュレーションしておかねばなりません。

そうでないと不測の事態が起こったとき、フルローンでは返済原資が確保できず破綻するか、あるいは**黒字倒産**となる可能性があります。

黒字倒産とは、帳簿上黒字になっていたとしても実際にはキャッシュアウトし、最終的な手残りが赤字となってしまうことです。

融資の返済には元本の返済と金利の返済がありますが、**金利の返済分は経費になっても元本返済は経費になりません。**

つまり、家賃収入のうち単純に返済額がいくらで残ったものが全部手残りというわけにはいかないのです。

経費として計上できない元本返済や税負担などから、結果として黒字倒産に陥ってしまう可能性もあります。結局のところ、低い利回りの物件でフルローンを組んでしまうことが危険なのです。

しかし、それはフルローンのせいではなく、収支バランスの悪い物件を買うからそういうリスクに晒されるということなのです。

また区分所有マンションをローンで購入するような投資法では、一見リスクが小さいように見えるため初心者の方が飛びつきがちですが、入居率は0か100ということになり、リスクはむしろ大きくなります。

区分マンションでは、そのリスクを自分のサラリーで補てんできるという意味で、選択されている方が多いことに驚いてしまいます。区分で少額投資が安全、一棟でフルローンが危険ということはないのです。リスクを回避するためには、収益性の高い物件を選定することが重要です。

このように安全性が担保された収益性の高い、象徴的に言えば「高利回り物件」を買うことが不可欠なのです。ただし、第2章で出てくる、僕がやってしまった千葉県の問題児アパートのような「見せかけだけの高利回り」は全く意味がありませんので、そこは実態を見極めるよう注意する必要があります。

話をフルローンに戻しますと、要するにフルローンという一要素だけが危険なのではなく、**キャッシュフローが出ない物件をフルローンで買うことが危険**だと言えるのです。

次の図は、利回り5%の場合と利回り10%の場合におけるフルローンの危険度を分かりやすく模式化したものです。図１はどちらも物件購入額と借入額を１００に固定した場合のリターンを単純にグラフにしたものです。ここではフルローンがもたらす危険度の違いはそれほど見えて来ません。

一方で図２は同じ条件下において、家賃収入を５に固定した場合のイメージです。

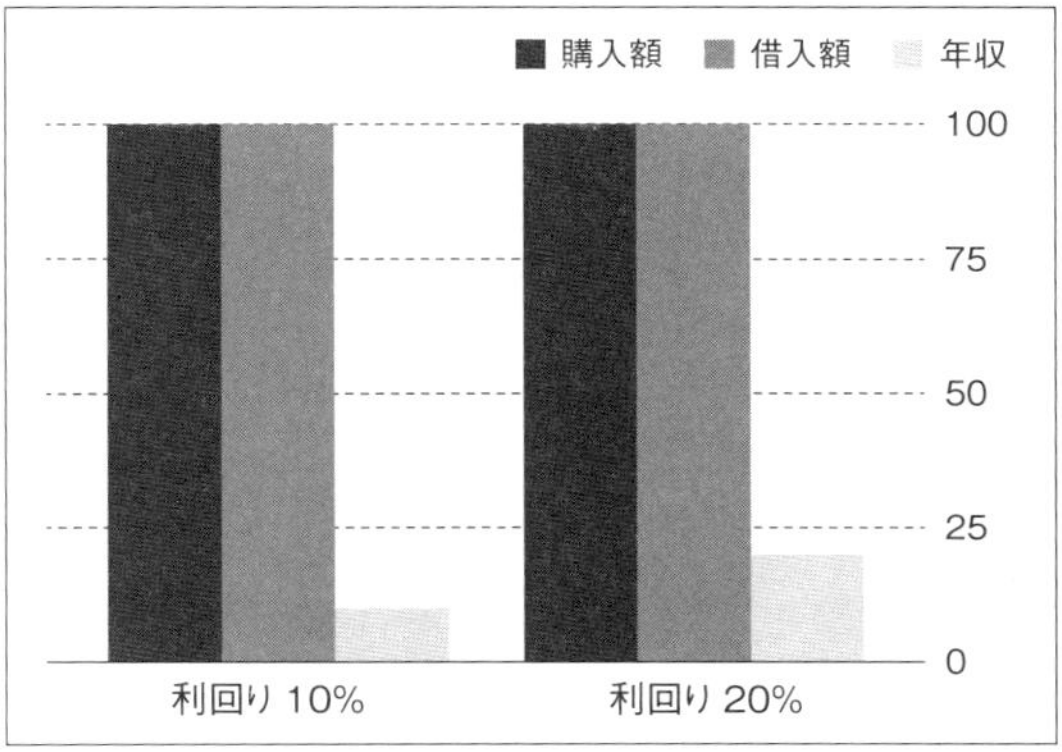

図1

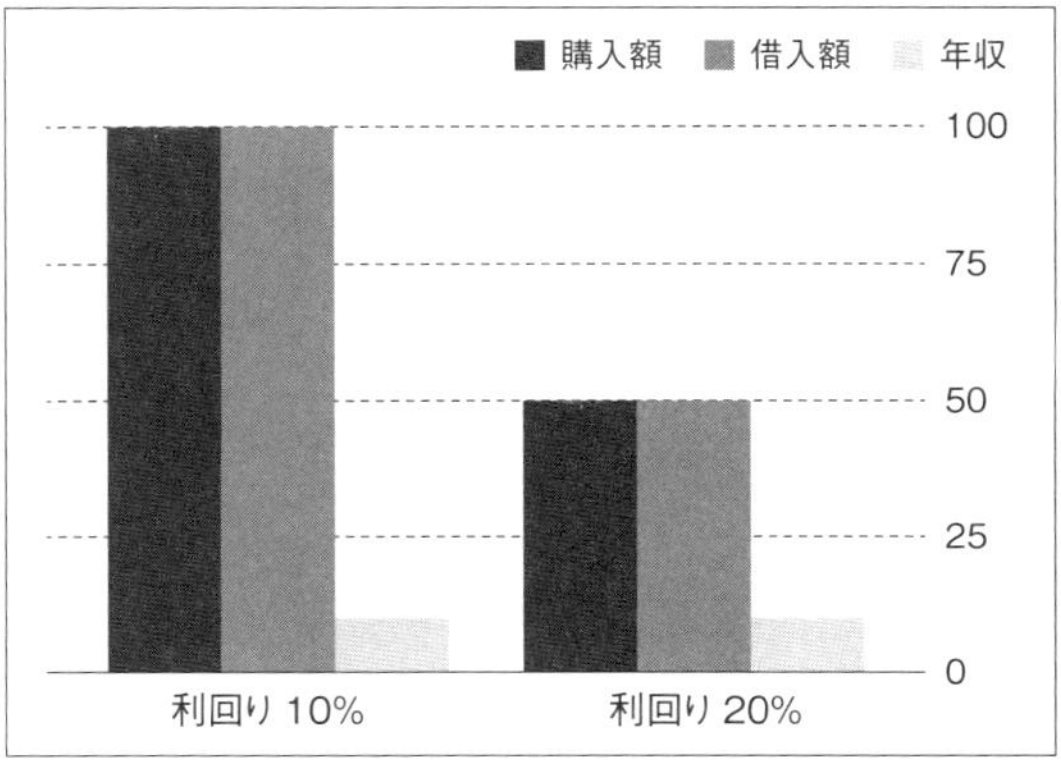

図2

3 融資のハードルを乗り越えろ！

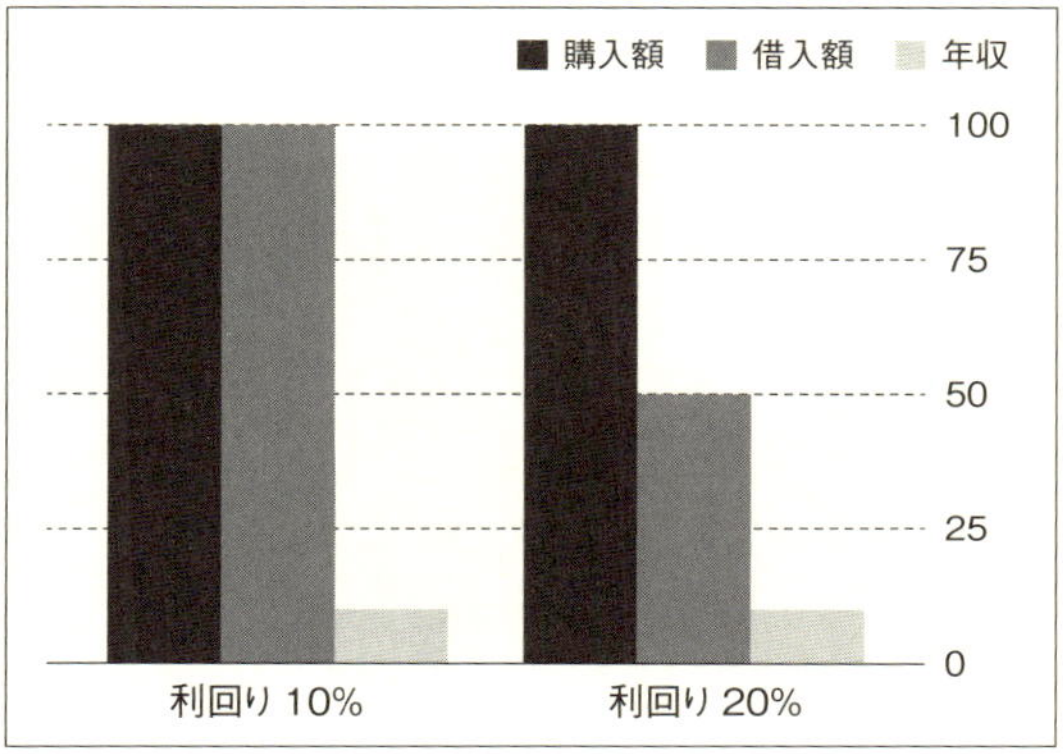

図3

利回り10％の場合に比べて、利回り5％の方は借入額が大きく見えます。

さらに図3では、本来利回り5％だった物件に、指値を入れて利回り10％で買った場合のイメージですが、こう見ると利回り10％の方は自己資金を50％投入したのと同じ効果があることが分かります。

一口にフルローンと言っても、その利回りとの対比によって、危険にも安全にもなると言えます。つまりフルローンという言葉の表面だけを見て「危険だ」というのは単なる都市伝説のようなものだということがわかります。

このように正しく使うことによって大きな恩恵をもたらす融資ですが、不動産投資に限らず融資を引くということはそれなりにテクニックが必要であり、誰でもできることではありません。

特に、これから初めて不動産投資に参入するサラリーマンの場合、通常は「自己資金として3割入れてください」と言われて撃沈するケースが多いです。これは時代が変わっても同じです。融資が出やすい時期、出にくい時期とタイミングによって「3割」が「4割」となったり「2割」にもなりえますが、実績のないサラリーマン投資家が「自己資金はないけれど、お金を借りたい」といっても貸してくれるものではありません。

また自営業者の場合は、本業で既に金融機関と取引があって運転資金や設備資金を借り入れて事業運営しているのであれば、その延長線上で「経営の多角化」と見なしてもらい融資を受けて不動産投資に参入することができます。

しかし、そうでない事業者の場合は、むしろサラリーマンなら使いやすい「アパートローン」というパッケージものの融資商品も適用が難しく融資のハードルは高いと言えます。

アパートローンは次項でも説明していますが、サラリーマンとしての属性や、給与から支払える金額から、「返済比率の範囲内であれば貸しましょう」という設計思想です。その返済比率は金融機関によって基準が変わってきます。

それに対して事業性ローンは、各事業者に対して完全にオーダーメイドで行われます。一番大事なことは事業としてまわるかどうかであり、そこに属性は関係ありません。サラリーマンであれば、**最初は属性を活かしてアパートローンからはじめて、一定の事業規模に達したところでプロパーローン（事業性ローン）に進む**のが妥当でしょう。

不動産投資のための融資を受けるには、こうした属性面のほかに購入する物件そのものの担保価値としての評価や、この不動産投資の事業としての評価などが必要になります。このうちどれを重視するかは各金融機関の審査基準によりますが、概して属性面を重視するのは「アパートローン」という商品をラインナップしている金融機関です。

一方、物件の担保評価を重視するのは一般的な都市銀行、地方銀行、信用金庫など多数の金融機関で、事業性を重視するのは、りそな銀行や日本政策金融公庫など一部の金融機関と大まかに大別することができます。

4 初心者向けのアパートローン

初心者向けとも言えるアパートローンは、住宅ローンや自動車ローンなどと同じく、属性と物件についての簡単な与信と返済シミュレーションによる審査で融資の可否が決定するパッケージ型のローン商品です。

住宅ローンと同じく「返済比率」を重視するため年収の10倍や20倍まで、など規定の規模までは比較的簡単に借り進めることができます。

僕自身もスルガ銀行を利用しましたが、こうしたアパートローンも審査スピードの速さから購入時の競合とのスピード勝負の観点で、大きなアドバンテージを発揮します。

しかし気を付けなくてはいけないところもあります。それは、属性が良い場合には必要以上に緩い審査で本来の融資可能評価額を超えて融資が出る可能性もあり得る点です。

その場合、自身はなんとか買えたとしても数年後の売却に当たっては、買主がその物件に対しての融資を付けられないということが起こり、容易に売ることができなくなる可能性があるのです。

金利が高いという部分においては、のちのち金利交渉や借換えなどで回避することができますが、その特定の金融機関でしか買えない物件では売却するときには融資の選択肢が狭まります。

戦略的にそれを分かった上で織り込んでいく分にはいいのですが、**「融資が付くから何でも買う！」**ということは避けたほうがよいでしょう。

またアパートローンの中には「提携ローン」といって、特定の建設業者や不動産業者と金融機関とが提携しているケースもあります。新築の住宅やアパートに多いのですが、この場合、「この物件なら○千万円まで融資ＯＫ」という内諾が金融機関から特定業者に出されますので、その業者は、あとは返済比率をクリアする属性の客を探せばよいだけ、となります。

こうした提携ローンは、地銀や信金のほか、ノンバンクや大手生命保険会社なども商品としてラインナップしていますので、いろいろ調べてみてください。

⑤ 事業性を評価する金融機関

本書でも繰り返し述べていますが、僕は不動産投資を単なる投資ではなく「事業」と位置付けています。実際に、融資をする側の金融機関から見ても、担保価値もしくは事業性に対して融資をする場合がほとんどです。

なかでも不動産投資の事業性に着目して融資してくれる代表的な金融機関として、りそな銀行やみずほ銀行といったメガバンク、信用金庫そして日本政策金融公庫や商工中金といった政府系金融機関があります。

りそな銀行は収益還元評価、みずほ銀行に関していえば、比較的大規模な物件については事業性を重視します。また政府系では、不動産投資だけでなく大規模な太陽光発電事業の融資など、担保価値が低い案件であってもその事業性を評価して融資を行なってくれます。

事業性を重視する金融機関のなかでも、僕がもっともオススメしているのが日本政策金融公庫です。

この金融機関は、平成20年に旧国民生活金融公庫、中小企業金融公庫、農林漁業金融公庫の三つの公庫が統合・再編されてできた金融機関で、現在は国が１００％出資する株式会社の形態をとっています。資本金は３兆９０００億円で日本の株式会社で最も資本金の多い法人でもあります。

公庫内ではいまだに各事業体が分かれており、僕ら個人大家レベルが融資を受けるのは一般に国民生活事業です。もっとも規模がさらに拡大していけば、中小企業事業とも取引することにもなりますが、この二つの事業体は取り扱う規模の大小だけでなく、中小企業事業の方は通常の住居用の不動産賃貸業でなくテナントビルなど非居住用の賃貸業を取り扱うというすみ分けになっています。

この日本政策金融公庫は、政府系というだけあって、**政策誘導的な施策を実施するインキュベーターとセーフティネット**の側面を持っています。

特に起業まもない零細企業に対して投融資することによって企業と産業を育てるという崇高なミッションを担っていますので、地域経済の活性化につながる事業や、雇用の創出を生み出す企業に対しては積極的に応援してくれます。

ただし、支店や担当者によってアタリハズレが大きく、また一度融資を受けてしまうと支店を変更できないことから、アプローチするにあたっては不動産賃貸業の融資に詳しい優秀な担当者を紹介してもらって訪問することが重要です。

ちなみに僕が10棟目を融資してもらった公庫の担当者は実務にも明るく、また公庫の社風からは考えられないほどの柔軟な発想と対応力を持っていますので、本当に助かりました。

6 自己資金は1円でも多く見せる

次に融資のテクニカルな話へ進めます。短期間で不動産を買い進めていくと、徐々に自己資金が減って行きますので、フルローンやオーバーローンで購入せざるを得なくなります。

このとき大事なことは、フルローンで買える人は相応の自己資金を持っている、という点です。

金融機関は間違っても無一文の人にフルローンの融資をしません。だからフルローンで購入する場合でも、自己資金をできるだけ多く見せる必要があります。

既存の不動産からの家賃収入で得たキャッシュを貯めて、それを何割かの頭金として投入して次を買うのではなく、再投資のための見せ金として温存しつつ、なるべく多く借りることが短期間で買い進めるコツとなります。

金融機関は手元に現預金などの流動資産が多くあると安心します。金融機関に融資を打診すると、「資産背景を見せてください」と言われます。

このとき、現預金や株式だけでなく加入している生命保険や退職金の予定額、年金の積み上がり額など、1円でも多く見せることが重要です。

繰り返しになりますが、金融機関は金融資産を持っているからこそ融資してくれるのです。借りる側からすれば、お金がないからこそ借りたいものなのですが、銀行からすると逆です。

バブルの頃でも、銀行がジャンジャンお金を貸していた先は富裕層であり、利益の出ている企業でした。貧乏人に銀行がジャンジャンお金を貸して来た歴史はありません。

そうは言っても、金融資産を多く用意するのは簡単なことではありません。ただでさえ不動産賃貸業はリフォームや修繕などの支出がつきものです。せっかく高収益アパートから多くの家賃を売り上げても、こうしたキャッシュアウトが多ければ手元にお金は残りません。購入時に一生懸命融資を組み立てても、50万円から100万円程度のリフォームは現金で支払う人が多いと思います。そのため自己資金が減ってしまい、次に物件を購入しようと思ったときに自己資金が少なくなってしまいます。

そこで僕がやってきたことは、銀行からリフォームローンを借り入れることによって、手元の自己資金は温存するという方法でした。

銀行や信金の融資も数千万円という単位になるとハードルが高いですが、数百万円単位のリフォームローンは喜んで貸してくれます。さらにはプロパーのリフォームローンではなく、**保証協会経由で設備資金として借入れを斡旋**してもらえば、金利も安いし金融機関側も安心するのでこれを使わない手はありません。

信用保証協会は「信用保証協会法」に基づく公的機関で、中小企業が金融機関から融資を受ける際に、その債務の保証をしてくれます。全国に52の保証協会があります。

金利が低いのは、利子補給してくれる自治体の制度があるためです。各自治体のホームページから「制度融資」というキーワードで検索してみてください。

7 金融機関が債務超過を嫌う理由

さて、ここでひとつの疑問が湧きます。

「多額の融資を受けて、不動産を購入したうえ、リフォームさえもローンを組んでしまって大丈夫なのか？　信用毀損しないのか？」という疑問です。

そうです。このために僕は、収益性と資産性の両立が大事だと考えているのです。収益性は利益率を高めるためというのはもちろん、ほかにも返済比率を低く保つために重要なポイントとなります。

先ほどのリフォームローンや保証協会経由の制度融資では返済期間が5～10年程度と比較的短いことが多いです。そのため借り入れの額が少ない、金利が低い、とは言え毎月の支払いの絶対額として大きくなってしまいます。

だからこそ、**収益性が高い物件を買っておかないと収入に占める返済比率を低く抑えることができなくなってしまう**のです。もう一方の資産性に関しては、バランスシートの問題になってきます。信用毀損とは「債務超過」という言葉に置き換えてよいと思います。

債務・・・つまり負債の総額が持っている資産（不動産の評価額と金融資産の合計）を上回っている状態がこの債務超過です。金融機関は、この債務超過と赤字決算を最も嫌います。

逆に言うと、この債務超過でなければ、新たに借り入れすることは可能となるのです。ここで金融機関がなぜ「債務超過」への貸し出しを嫌うかについて補足しておきましょう。

銀行はバブルが弾けた後の不良債権処理問題を経て、いまは金融庁の指導で貸し出し先をランク分けしています。**「正常債権」「要管理債権」「危険債権」「破産更生債権及びこれらに準ずる債権」**という4つのランクに分類されます。

この分類の中で、債務超過の貸出先以下へは、貸し剥がしこそないものの、追加融資はしてくれません。

このことからも、「フルローンが危険だ」というのは、これこそまさに債務超過とそこから来る金利の支払い比率の膨張による赤字化、さらには将来襲ってくるであろうデッドクロスの三重苦を憂慮しての意見でしょう。

しかし、これらのリスクすら、高利回りを追求する収益性重視の買い方で、いずれも解消することができるのはこれまで見てきた通りなのです。

8 金融機関の評価基準を考える

不動産投資もある程度の規模になってくると、先述の「アパートローン」のようなパッケージ商品では対応できなくなってしまい、最終的にはこうした不動産そのものの担保価値と、後述する事業性に基づいて評価をする必要が出てきます。

また融資付けの難度としては、先述のアパートローンは比較的易しく、その代償として金利が高めに設定されている場合が多く、それゆえ数年で借り換えを検討せざるを得ない場合も出てきます。

そのときに大事なのは、やはり金融機関の評価基準に基づいて借入れを行なっているか？　という点になります。一般的な融資審査の判断基準である担保価値を毀損していると借り換えしにくい状況に陥ってしまうため、**アパートローンを借りる場合にも、最初の段階からある程度他行での評価も意識しつつ物件の選定を行なう必要があるのです。**

第6章

サラリーマンでもできる「空室対策」と「賃貸経営」術

不動産投資事業にとって「空室」は悪です。

事業として考えると、「家賃＝売上高」であり、空室は売上の機会損失になります。だからこそ、既存で持っている物件の稼働率をしっかりあげていくことが必要なのです。

第6章では具体的な空室対策術はもちろんのこと、満室経営をしていくための賃貸経営術についても詳しく解説していきます。

① 買った直後に愕然、退居&滞納の嵐

空室を埋めることは、家賃を実際に手にできることに加え、金融機関から「空室率の高い物件を買っても埋める能力がある」と評価を受けて、次の融資へつなげるという意味も持ちます。

不動産を購入したらまず埋めることが先決です。そのための手段は選ばず、まずはスピード勝負になります。

さて、本書のタイトルの由来にもなった千葉県の問題児アパートの話です。

第3章でも述べた通り、この千葉県のアパートは周囲を田んぼに囲まれた中にポツンと建つアパートで、当然賃貸需要の厳しいエリアです。

7室中2部屋が空室という状態で購入したところ、購入直後から毎月1室ずつ退居となり、4ヶ月後には入居者がとうとう残り1室という危機的な状態に陥ってしまいました。

今となってはハッキリしたことは分かりませんが、はじめから高く売り抜けるために、無理な条件で入居付けしていたものと思われます。

フリーレントなどで釣った入居者を無理に高い家賃で詰め込み、それこそ時限爆弾のように、時間とともに一戸ずつ退居していったのだと推察します。まさに作られた高利回りでした。

さらに、引き渡しの日になって、家賃滞納が発覚しました。それも2室も・・・。

仲介の不動産会社の担当者は売りたい一心だったようで「滞納保証が付いているから問題ありませんよ」と説明され、そのまま引き渡しを受けたのです。

いま考えると何とも情けない話です。

その後、仲介会社が管理してくれるということで、ある意味安心していましたが、家賃滞納に対する代理弁済は「請求できるのは、退居後です」と退けられてしまいました。

さらに強制退居になった後に、この管理会社は保証会社への督促を怠り、結局4ヶ月の滞納家賃のうち、2ヶ月分しか補償されないということになってしまいました。

というのも「退居後遅滞なく保証会社に請求しないと滞納家賃を補償できない」と

いう契約になっていたのです。

そうした契約内容すら知らず、いい加減な管理会社に任せっきりだった僕が甘かったのです。結局このことは、のちに切り替えた新しい管理会社が立ち回ってくれ、前の管理会社に損害賠償を請求する形で幾ばくかを取り返すことができましたが、良い勉強代になりました。

2 管理会社を変更・・・管理会社の選び方

購入から4ヶ月経って、残る入居者が1世帯になってしまった時には、本当に焦りました。前にも書きましたが、7室中2室の家賃があればキャッシュフローは回るのですが、1室からの家賃ではさすがに返済すら賄えません。

そこで、まずは管理会社と入居率改善に向けた打合せをしようと思いました。

売買時に買主側の仲介会社となったこの管理会社は、渋谷区にありました。現場の千葉県のアパートまではちょっと距離がありますが、オーナーの僕とは逆に近い場所であることから「コミュニケーションも容易では？」と期待していました。

しかし、その不動産会社の管理部門の担当者と会って愕然としました。なんと、購入から数ヶ月経過しているにもかかわらず、一度も現地に行ったことがないということが分かったのです。

そればかりか、毎月退居が発生しているという状況すらよく把握していません。管理はすべて管理会社がやってくれると思っていたのですが、現実はそんな甘くありませんでした。

委託管理契約書を取り出し、改めて見てみると「集金代行契約書」となっていました。このとき、これは自分でやらなければいけないと強く思いました。

渋谷の管理会社から「もう一回やり直させてください」とまるで恋人の別れ話みたいな場面になりましたが、僕はもう限界です。

ここは本腰を入れて、新たな管理会社を探さなくてはいけません。

まずはインターネットで、アパートの近隣エリアで管理をしてくれそうな候補を3社選びました。

多少距離があるけれど、ホームページに力を入れている不動産会社A社、一番物件から近いけれど名前が通っていない地場の小さな不動産会社B社、それから川を挟んで茨城側に位置するアパマンショップの3社でした。

そして、恵比寿の管理会社を訪問した週末には、ピックアップしたうち2社に絞り訪問することになりました。

距離があるけれど、ホームページに力を入れている不動産会社A社は、商圏が異なるということで却下したのです。

アパマンショップは全国規模で展開している管理会社であるためマニュアル化された仕組みが魅力的ですが、一口にアパマンショップと言っても運営するフランチャイジーによってもマチマチのはずです。

そこは見極めが必要で、一概に「良い」とは言い切れません。それに距離は近いですが利根川を挟んだ対岸にあることにも不安が残ります。

一方、地場のB社にも期待していました。地方において地元密着型の老舗管理会社は、長い間「地域の顔」として営業しています。その分だけ信頼がおけそうです。

そこで、まずはB社に訪問することにしました。

ところが、ここは土日が休みのようで閉店していました。店の裏手にこの不動産会社の社長の家とおぼしき豪邸があり、そこも訪ねたのですが不在でした。

次にアパマンショップに向かいました。

そこで管理部長としっかり話すことができました。「ここでは千葉県側よりも茨城県側の方が、企業などもあり賃貸需要があります。だから茨城県側で募集して、椙田さんのアパートへ誘導していきましょう」という提案をもらいました。

その後もいろいろな問題に対する打つ手を話し込み、1時間半くらいの濃い時間があっという間に経ちました。そんなわけで僕の管理会社探しは、アパマンショップに決まったのでした。

翌日、例の渋谷の管理会社に電話をして、現地の不動産会社に委託管理契約を切り替えたい旨を告げました。すると、本来は申し出から3ヶ月後に解約となる契約だったのですが、杜撰な管理の非を認め、その月の月末で契約が切れるよう取り計らってくれたのです。

③ 物件の現地調査と満室に向けた作戦

話は少し前後しますが、退居が続く中で「これはまずい！」と危機感を募らせていたタイミングに、あるWEBマガジンで「空室対策武者修行」という空室に悩む大家さんを指導して満室に導くという企画を見付けました。僕は藁をもすがる思いで、この企画のモニターに応募しました。

この企画で、空室対策コンサルタントの尾嶋健信さんから全面的にバックアップしてもらい、空室対策の一挙手一投足を教わりました。

尾嶋健信さんと言えば、新刊『不動産投資は空室物件を満室にして超高値で売りなさい』（ぱる出版）が好評ですが、当時から全国の空室をバリバリと埋めて来たスゴ腕のコンサルタントです。

さて、通常管理会社の切り替えは、契約が重複しないように行ないますが、この時は一刻も早く新管理会社に任せたかったため、旧管理会社の契約が切れる前に新会社とも契約を開始しました。

空室対策企画のミーティングの後、コンサルタント同行で新しい管理会社を訪問しました。どんなに優秀な管理会社であっても、その会社内において自身の相対的な位置付けが高まらないと意味がありません。第三者のコンサルタントに同行してもらうことで、僕の重要度を上げようとしたのです。

この日は、管理会社側も先述の管理部長に加えて、賃貸部の責任者である店長と、さらには社長までが同席してくれました。

管理会社の上席の方々が揃ったところで、なんとか満室にしてほしいという協力要請と、そのための作戦を打ち合わせしました。

具体的には①ネット媒体へ広く物件情報を拡散すること、②ローカルのネットワーク・・・アパマンショップと取引のある地元の客付け会社にマイソク（入居募集チラシ）を撒くこと、③現地には現地看板とのぼり旗を設置することなどが決まりました。

さらには後述する募集条件の話、部屋に特徴を持たせるためのアクセントクロスなどワンポイントのリフォーム、マイソクに記載するためのキラーアイテムを導入することなども決めました。

この時期はほとんど毎週この新しい管理会社に通い詰めていました。

おかげで2011年は新規の不動産は買う余裕はありませんでした。それでもこの空室対策は難航し、結果としては年末の時点で、7室中まだ3室は空室が残りました。

次項からは僕が実践した空室対策を紹介します。

空室対策① アパート管理を改善する

アパートは商品ですから、外観、内観ともに見た目はとても重要です。

そういう意味でも、千葉県の問題児アパートは見た目が酷かったです。雑草や木が生い茂り共有部のあちこちに蜘蛛の巣が張っているうえに、敷地内には放置自転車があり、現地看板も剥げてボロボロ・・・これはマズイと、さっそくアパマンショップの清掃部門に業務委託して、毎月定期清掃をしてもらうことになりました。

まずは放置自転車を処分して、雑草を枯らし木も伐採、薄汚れた外壁にも高圧洗浄かけてもらいました。とても良心的な管理会社で、こうしたスポットの依頼はもちろん、毎月の定期清掃も非常に安価な価格設定で、ゴミの集積所も掃除してくれシルバー人材派遣を使うより、安くキレイな仕上がりに毎月満足しています。

続いては室内です。リフォームはとにかくお金をかければよいというものではありません。

ポイントはマイソク（物件資料）に載せられるところや、内見で目につくところ、入居者が喜ぶところを集中的にリフォームするという点です。そういう意味ではリフォームは「投資」と言えます。

最初はあまりお金をかけず、その分だけリーズナブルな家賃設定にすべきです。なお新しく設置するものは、マイソクに載せられるということ、内見者の目を引くという観点で、照明やカーテン、温水便座など、最低限の設備を設置しました。

◇畳替えはせず平織りカーペットを敷く

和室の場合、畳表くらいは取り替えるものと思い込んでいましたが、敢えて畳表の張替えをせず、ホームセンターで購入した安い平織りカーペットを敷くことでコストを圧縮しました。

新品の畳表にすれば、退居の際には入居者負担で畳表の交換費用を請求するのが通例ですので、入居契約の時点で嫌がられることがあるうえ、そうかと言って結局退居の際には取りっぱぐれるのがオチでしょうから、3000円程度の安物の平織りカーペットの新品を敷き詰めて、「その代わり退居時もそのままで結構です」とする方が入居者も喜ぶことが多いのです。

◇汚れた部分へアクセントクロス

壁の汚いところには、その一面をカラークロスのワンポイントを入れて貼り替えました。

これは自分で初めてセルフリフォームに挑戦したものです。汚れが目立たずシックな印象になりそうな木目調のクロスを選んでネット通販しました。

購入したショップは楽天にある「壁紙屋本舗」(http://www.rakuten.ne.jp/gold/kabegamiyahonpo/)です。

マニュアルが添付されていたため、まったくの初心者でも問題ありませんでした。一面だけだと5000円程度のコストで、時間も30分程度で仕上がりますのでオススメです。

◇キッチンタイル・壁の塗り替え

もともとの色はピンクでしたが、薄汚れて印象がよくないため、これも自分で白くペンキで塗り替えました。

ペンキやローラーは建材専用ホームセンターの「建デポプロ」(http://www.kendepot-pro.jp/)で購入しました。ここは全国展開するショップで、建材なら何でもそろいま

※カラー写真は著者ブログにて公開中。「椙田拓也」で検索！

アフター

ビフォー

アフター

ビフォー

す。この店に売っている建材だけで家一軒が建つと言われています。

会員制で建築業者専門の店なのですが、不動産賃貸業を営む大家さんはもちろん会員になることができます。


壁塗り用ペンキは1缶1000円程度だったと思います。安いものでしたが仕上がりは十分です。当時はちょうど自宅のマンションをセルフリフォームしていた最中でしたので、材料はそれを流用しました。

ペンキを塗ったり漆喰を塗ったりという作業は自宅を使って練習した後に、妻の協力を得てアパートで実践しました。

余談になりますが、妻は洋菓子店で長年パティシエールをやっていた経験があり、その技術を応用してか壁を塗るのがとても上手で驚きました。

◇スイッチプレート交換

クリーム色の角張った「パチン」とスイッチを切る古いタイプを新しいプレートに交換しました。このスイッチプレートはどこのホームセンターにも置いてあり安価です。プレートのみですと電気工事の資格が必要なく誰でも交換可能です。

◇モデルルーム化

千葉県のアパートは和室が2部屋ある2LDKですが、1部屋はカーペットを敷き、北欧家具の「IKEA」(http://www.ikea.com/jp/ja/)で買った799円のミニテーブルを置いて洋室風にしました。

もう1部屋は和室のままでゴザカーペットを敷き詰めました。これもその辺のホームセンターにて3000円程度で入手することができます。

結局、1室あたり1万円くらいの予算でリフォームができました。リビングのカーテンも換えていますが、これも「IKEA」の500円のレースカーテンです。

④ 一度はセルフリフォームを体験すべし

リフォームについては、管理会社を通して発注するか、大家さんが直接発注するか、もしくは自分自身でリフォームするか、この3つの方法が考えられます。

セルフリフォームは、一度は自分でやってみることを推奨します。その目的は低コストでリフォームするためではありません。**リフォーム業者に発注する際に、その見**

積もりが適正か否かを見極めるためのコスト観・相場観をつかむためなのです。

実際にやってみれば、その作業がどれだけ大変で、材料費がいくらかかるかを知ることができ、それに対して業者からくる見積がいくらなのかを体で覚えることができます。

僕自身も勉強のつもりで最初は自分であれこれ工夫しながらリフォームを経験しました。

箱根のビルでは、畳の和室を一からフローリング化したり、キッチンを入れ替えたりといった工事もやってみました。

今は戸数も増えてきたこともあり、手がまわらないためすべて外注していますが、自身で体験したことにより、コストの感覚を把握できたことは、その後の賃貸経営を行う上で、大きくプラスになりました。

5 名称変更で光る物件に

物件のネーミングも大切なものです。よい名前であれば、よいイメージが湧きます。

そこで元々は「ヒーロー○○○○（正確な地名）」でしたが、「アンジュール○○（短い地名）」に名称変更を行ないました。このネーミングは管理会社の女性スタッフにも好評でした。

名称変更の効果があったのかは検証のしようがありませんが、アパート名はその物件の第一印象となりますので、できるだけ響きの良い名称の方がよいでしょう。

ただし途中での変更は手続きが面倒と嫌う入居者もいるため、管理会社とよく相談のうえで、変更するかどうか決める必要があります。僕のアパートのように空室が多い物件であれば、迷わず名称変更をオススメします。

名称変更によって入居希望者へのイメージがアップしますし、仲介業者にも良い名前を付けることで、「ああ、またあのアパートか」という古いイメージをリセットできます。

⑥ 決まるマイソク

先述の空室対策の企画の中で、不動産販促に強いデザイン事務所にマイソクの製作

※カラー写真は著者ブログにて公開中。「椙田拓也」で検索！

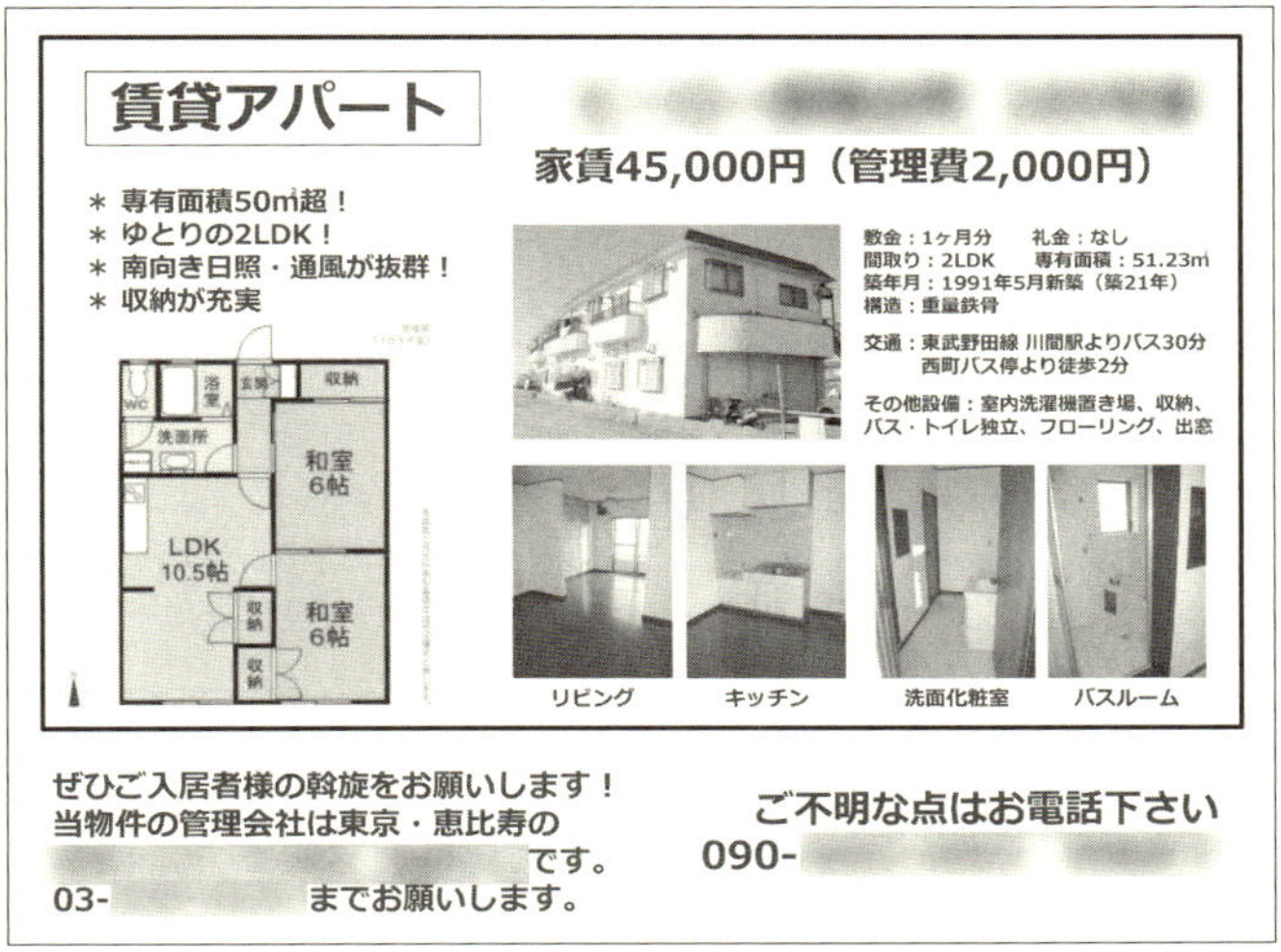

自作したマイソク

デザイン事務所に依頼したマイソク

をお願いしました。

マイソクとは入居募集のチラシです。募集チラシは入居希望者に与えるインパクトが重要と考えていたのですが、実際には客付けを行なう仲介業者の営業マンにインパクトを持ってもらうためのものだったのです。僕はここを間違えていて、企画でこのことを教わり「なるほど！」と納得しました。

そして、実際にプロのデザイナーさんが作ったマイソクを撒いたところ、周辺の仲介業者に「やる気のある、できる大家」と認識してもらうことができました。

おかげで物件をしっかり覚えてもらえました。

⑦ 効果的な写真の物件写真の撮り方

これもマイソク同様です。入居希望者へ向けて、というのも当然ですが、「営業マンにいかにいい印象を持ってもらうか」がポイントです。

以前購入して以来ほぼ使ってなかった一眼レフを持ち出して、広角レンズを使い部屋を撮影しました。具体的には、部屋の隅のなるべく低い位置から部屋全体を見上げるように写すことで部屋のボリュームが増し、実際よりも広く見えるのです。

賃貸物件のポータルサイトへ掲載されている写真や、不動産業者のサイトで紹介されている室内写真は、業者が持ち歩いているコンパクトカメラで撮影されることが多いです。忙しい担当者が片手間に撮影するのですから、部屋を魅力的に撮影する工夫はされていません。

そこで、大家さん自身が**一眼レフカメラや広角レンズのカメラを持って、物件の写真撮影をすることによって競合物件と差をつけることができます。**

ここでひとつ留意点があります。撮影した写真を不動産業者へ送る際、サイズに注意が必要です。メールで送るため、あまり大きなサイズだと取り扱いに困ります。リサイズして、Yahoo!不動産のサイズである280×280ピクセルで送るのが一般的です。

空室対策② 入居者を魅了する条件とは？

続いては家賃設定などの条件面を見直します。

入居中の部屋で高い家賃が設定されている場合、そのまま計算するとグロスの利回りがけっこう上がります。そして退居になって次に募集するときは、相場家賃に引き直さなければならない、という話は割とあります。

僕のアパートはまさにそういう物件でした。その上で家賃をいくらにするかが重要です。


まずは相場の家賃を調べるため、一般的な賃貸物件検索サイトSUUMOやHOME'Sで近隣物件の家賃を検索しました。ライバル物件の金額を見ていけば、多少の設備の条件によって前後しますが、何となく相場感がつかめます。

千葉県のアパートの場合、もともと相場よりかなり高い家賃設定となっていたことは先述の通りです。具体的には管理費込みで5万3000円でしたから、まずはそれを相場並みに下げることにしました。このエリアの相場は4万円後半といったところでした。それで、僕は敢えて相場を大きく下回る3万9000円にしたのです。

インターネットで検索するときに家賃は5000円刻みです。それで4万円台の競合物件との戦いを避け、あえて3万円台の物件と勝負することにしたのです。

この作戦は成功でした。3万円台となれば競合は1LDKや2Kなどの単身向けの部屋となります。結果として、僕の55㎡の2LDKには単身での申し込みが数件入りだしたのです。

併せて行なった期間限定のキャンペーンで効果があったものを以降に紹介します。

◇ゼロゼロプラン（初期費用サービス）

僕の個人的な感覚では、毎月の家賃が安いほうがお得だと思うのですが、世間一般、特に低年収の世帯ではイニシャルコストが安い方がいいという人も多いようです。数十万円の貯蓄すらないという世帯が多いのかもしれません。

特に低家賃のアパートでは「初期費用ゼロゼロ」はインパクトがありました。

ゼロゼロプランでは敷金・礼金・仲介料・火災保険・鍵代も0円にしました。

敷金・礼金だけではインパクトにかけるため、特に競合の激しい地域では火災保険や保証料・カギ交換まで大家負担ということもあり得ます。

そのためエリア選定は重要ですが、「そういうものだ」と割り切ってしまうのも一手だと思います。

これにより若いファミリー世帯の入居が3室決まりました。

通常初期費用を無料にすると、あまり好ましくないお金を持っていない入居希望者を招き入れることにも繋がりかねません。そのため、管理会社とよくよく相談して、保証会社と連帯保証人の両方を立ててもらうような厳重な審査で臨んでもらうこと、としました。

結局二年がかりで、何とかこのアパートは満室にすることに成功しました。最初は本当にどうしようもないと思われたエリアで、ほぼ空っぽの状態から現実に入居付けができたという実績は大きな自信になりました。

そして、空室対策の企画を通じて、僕はこの千葉県の問題児アパートの空室を埋めるだけでなく、他の物件も含めた普遍的なスキルとして、この空室を埋めるということを会得することができたのは、本当に大きな成果となりました。

そのほかの空室対策に関するワザをいくつか紹介しておきます。

◇フリーレント3ヶ月分

フリーレントという初月の家賃を無料にすることも特徴づけになります。一般的には1ヶ月が多いところを3ヶ月つけることを考えました。結局、栃木県の築古アパートでこのフリーレントを実践しましたが、このときはあまり効果がありませんでした。なおゼロゼロプランとの併用は避けました。

◇引越代無料

引越代まで出すケースです。ここまで来たら少しやり過ぎかとも思います。これも栃木県のアパートで引越代（家賃の3倍）を付けますとか、いろいろキャンペーンを試みましたが効果はありませんでした。

8 初期費用を払うことは入居の一次審査

ゼロゼロプランで入居を決めている僕が言うのもおかしいのですが、実は僕は初期費用を極端に下げることには慎重です。

せいぜい敷金0・礼金0くらいに留めておくのが良いのではないでしょうか。なぜならあまりにもハードルを下げ過ぎると招かざる不良入居者を呼び込む恐れがあるからです。最初の初期費用が負担できるか否かは一次審査です。

引越にかかわる費用すら払えないのに毎月の家賃を払えるわけがありません。毎月の家賃が払える入居者は、それ相応のイニシャルコストを払えるはずです。やり過ぎの値引きは意味がないうえ、かえってマイナスになりかねません。

空室が悪なら滞納は最悪です。たしかに空室は機会損失ですが、滞納は二重苦となります。売上は計上するので税金の対象になるにもかかわらず、実際の入金がない未収金となってしまうからです。そうなるくらいなら空室のままの方がまだマシです。

また千葉県のアパートに関しては、最初から全部ゼロでしたが、栃木の物件は段階的にやってみたところ、管理会社から「あまり問い合わせ件数が増えません」と言われました。

そういう意味でも**条件面を変更するときは、一気にインパクト勝負をかける**必要を感じました。

一方で、繁忙期でない時期、とくに閑散期と呼ばれる時期に無理をして条件面ばかり一生懸命に出しても意味がありませんし、客付け会社をマンネリ化させることにもなりかねません。

ここ一番というとき、繁忙期にタイミングよくキャンペーンをして埋める方が効果的なのです。時期が悪いときは思い切って「待つ」ことも必要ではないでしょうか。

空室対策③ 徹底した情報拡散を行なう

3つ目が徹底した情報拡散です。客付け会社の賃貸営業マンに対して**「いかにして情報を広めていくか」**が重要です。

そもそも不動産投資事業はチームプレイです。そして、その采配を取るのは常に投資家自身です。管理会社や仲介会社に任せっきり、頼りっきりで空室は埋まりません。チームのマネージャーとして、投資家自身が主体性を持つ必要があります。

そして、次のようなプレイヤーをうまく乗せながらコントロールしていくのです。

◇管理会社

良い管理会社は、管理だけでなく入居付けも行ないます。また客付け会社への営業を積極的にやってくれるものです。そうでない管理会社には一緒に営業マンを連れ出して客付け会社を回る教育も必要です。

◇客付け会社

客付け会社は実際に入居希望者を連れてきてくれる不動産会社です。仲介の業務ということで責任が薄いため、押しが強く、条件面であとあとクレームになるケースもあったり、不良入居者を無理やり入れることもありますので注意が必要です。

そのため僕は、アパマンショップ、エイブル、ミニミニなどの大手フランチャイズ系が良いと思います。大手であれば、マニュアルにより営業品質が一定水準にたもたれていることが多く、また大手の看板があると営業マンに歯止めが効きます。

◇賃貸仲介営業マン

結局のところ、客付会社がこの物件に対して「お客さんをつけよう！」と思ってさえくれれば、入居者の意思はあまり関係ありません。そう断言できるほど賃貸営業マンというのは、強引にお客さんをコントロールしていきます。

そこに乗っかるのが空室対策では最も近道です。そのためには賃貸営業マンに対して、インセンティブを支払うなどして気持ちを繋ぎ止めることも一手です。

しかし**インセンティブは効果的な反面、逆に無茶な客付けを誘引することにもなりかねないので注意が必要**です。一時的な客付け力ではなく、しっかりとした営業マンを捕まえるのがポイントです。

広告費に関しては、地域によって相場が違いますので、仲介会社にいくら払えばよいかを聞くのが手っ取り早いでしょう。

管理会社の中でも大家さんのランキングなるものが確実に存在します。人柄、誠実さ、そのうえで所有物件の規模など、決して人間関係は一律ではありません。所有物件が少なくても勝ち目はありますが、大規模だと手厚くせざるを得ません。早めの段階でその店のトップと話をして、トップダウンで客付けをお願いするのは一時的には有効ですが、実際に動くのは現場の担当者です。いつもトップダウンばかりの営業をしていると、長い目で見ると得をしません。

その店の中で、その他大勢の大家さんから頭一つ突き抜けるためには、やはり**人間力を磨く必要がある**と思います。

9 インターネットを制するものは空室対策を制す

いろんな客付け会社の賃貸営業マンに話を聞くと、入居希望者はあらかじめインターネットを検索して、事前情報で決めうちしてくるケースがほとんどです。そのため一般の入居希望者がよく利用する賃貸物件検索サイトに自分の物件を登録する必要があります。

こうしたサイトは大手だけでも10くらいあり、中小の検索サイトまで含めると数百単位で存在すると思われますが、注力すべきは次のトップ3くらいです。

☆必ず掲載すべき賃貸物件検索サイトトップ3

SUUMO　http://suumo.jp/

HOME'S　http://www.homes.co.jp/

Yahoo! 不動産　http://realestate.yahoo.co.jp/

これらへの登録は管理会社や客付け会社へお願いします。SUUMOに関しては掲載料が高額なことから、かなりやる気のある不動産会社でないと扱っていない場合もあります。

また、同じ検索サイトに重複していくつも同じ物件を載せない方がいいでしょう。複数の不動産会社から同じ物件がいくつも載っていると「この部屋は決まってないな」と悪印象を与えるからです。このあたりは、実際に自分が部屋探しをする人の立場に立って、これらの検索サイトを使ってみると良く分かると思います。

10 オフラインでの空室対策

僕は当初、インターネットにはもっとすごい爆発力があると想像していました。情報拡散こそが大事であり、インターネットを制覇したら電話が鳴り止まないくらいの反響が鳴るものと少々過度に期待していたのです。しかし現実はそう甘くありませんでした。

もちろん見えない上乗せ効果はあるはずですが、千葉県のアパートに関しては、意外なことに現地看板・のぼり旗を見ての問い合わせが一番多かったのです。

そう言えば、空室対策をはじめたばかりの頃「物件が目立つようにのぼり旗や募集看板を掲げること」と尾嶋さんからもアドバイスをもらいました。

この千葉県のアパートは、交通量の多い通りに面していますので、運転中のドライバーからも容易に視認できる場所に、デカデカと青いアパマンショップの看板を掲示し、賑やかにのぼり旗をあげてもらったのです。

「今時、看板なんて・・・」と軽く見る人が多いですが、エリアによっては、このオフラインの募集活動が最も効果的という場合もあります。

11 入居者属性の間口を広げる

入居者属性を広げ、生活保護、高齢者、母子家庭、外国人、水商売など、普通の大家さんが嫌がる人を入れるとチャンスは広がります。

僕の所有するアパートではこうした客層の入居はあまり多くありませんが、管理会社、客付け会社の担当者には「どんな方でも断らず、まず相談ください！」とお願いしています。

〈間口を広げた条件の例〉

外国人、生活保護受給者、母子家庭、高齢者、水商売、フリーター、ルームシェア、短期貸し（マンスリー・ウィークリー）

管理会社によっては「間口を広げない方がいい」とアドバイスをもらうこともあります。

たとえば、学生向けアパートなどがその好例で、学生だけが入居している寮のようになっている場合などでは間口を広げず、学生に絞ったままの方がいいでしょう。

また、ペット可は退居時に床や壁の交換などのコストがかかるため、ある程度多めに敷金・礼金をもらいます。

なおペット可で家賃が上げられるかはエリアにもよります。都心の場合はニッチなマーケットを狙って、ペット可の物件として差別化していくのもいいと思いますが、地方ではやはりオーソドックスな仕様にして、入居者の間口を広げていくのがベターです。

ここまで様々な施策を紹介しましたが、結局のところ空室対策とは、マーケティングのすべてを駆使することです。

そして、空室は短期で埋める反面、管理会社や客付け会社との人間関係を長期で維持・強化していくことも重要であると考えます。

僕の目指す不動産投資事業の究極の形は「遠隔管理」です。

一回築き上げた関係を定期的にメンテナンスしていくことで、維持していき、頻繁に現地に赴かなくても、**管理運営がしっかり回っていくことが理想**と考えているのです。

加えて言えば、僕自身、実は偶然や運などといった非科学的な要素も空室対策を大いに左右することがあると思っています。

まずは大家さん自身が「空室を埋めたい」といつも願い、そのためにできることはないかと、一生懸命に試行錯誤を繰り返す努力のプロセスこそが、幸運をもたらしてくれる原動力になると信じています。

12 賃貸経営に不可欠な「大家力」

不動産投資に必要なこととして、購入術、融資戦略、それから購入後の空室対策ノウハウについて順に触れました。

続いては、満室経営を行なうためのスキルと要素についてみていきましょう。

安定的な賃貸経営を行なうには、**「大家としてのスキル、経験値をどれだけ上げていけるか?」**にかかっています。

賃貸経営に必要なこととして具体的には次の4つの要素を満たす必要があります。

1．時間管理のバランスをとる

「不動産投資」と総称すると、物件取得のフェーズと賃貸経営のフェーズとを混同してしまいがちですが、スキルとしてはまったく別のものとなります。

購入候補の物件を探し購入する前者は「狩猟」に近く、後者「農耕」に似ています。

そして僕も含めて、多くの不動産投資家は派手な狩猟は得意(もしくは好き)ですが、地味な農耕は苦手という人が多いです。

それで、ともすればつい自分の得意な「狩猟」である物件取得の仕事ばかりに熱心に時間を割き、「農耕」たる賃貸経営の仕事をおざなりにしてしまいがちです。

どちらも不動産投資事業を成功させるためには不可欠ですが、やはり物件を取得したあとには、じっくり腰を据えて賃貸経営に時間を割く必要があります。

とくに空室がある場合は「週に何時間、月に何回」と対策に取り組むべき時間をきちんと作るべきです。そして、時間管理をしっかり行ない本業も両立しなければなりません。

不動産投資事業は不労所得ではなく、レバレッジは効くもののやはり実労働がともなう地味な事業なのです。

2. 目標を設定して自分を追い込む

ところで、本業の合間を縫って行なう不動産投資事業では、忙しさにかまけてつい自分の中で「やらない理由」を探し考えてしまいがちです。

そこで、自分自身を追い込むために、「いつまでに○○をやる！」と公言するのは有効な手段です。

たとえばブログなどに目標を公表し、約束したことを実行させざるを得ない状況に自分を追いやるのです。その際、より具体的に目標を定めて決めて行動するのです。僕もブログにその年の目標設定を公表することにしています。

3．ITリテラシーを身につける

ITを利用して情報やデータを扱うための知識や能力のことをいいます。パソコン、スマートフォンが使えるか、ブログの更新ができるのか、SNSに投稿ができるか・・・ITを使いこなすことによって、手にする情報の量や質が格段にアップします。

ただし、情報がありすぎても管理するのに時間がかかってしまうというデメリットもあります。僕の場合は第4章でも詳しく紹介しましたが、メールを使い分けることにより、より多くの情報を速やかに処理して、不動産会社を選別しながら効率的に関係を維持・強化しています。

4．勉強に投資をする

不動産投資の勉強法はいろいろとあります。不動産投資の本は数多くあり、その手法も多種多様です。体系的にまとめられた本を読んで勉強することは大切です。本は

1冊1500円程度と安価で効率のよい投資法だと思います。

また不動産投資に特化した塾やセミナー、勉強会も多数あります。本のデメリットは情報が古くなってしまうことですが、こういったリアルの勉強の場では、つねに新しく実践的なノウハウを身に付けることができます。

さらに参加する不動産投資家同士の情報交換も魅力です。とくにサラリーマンの場合、会社では不動産投資のことを秘密にしていることが多いため、不動産について話し合える仲間がいるということはとても頼もしいものです。

このように、意識して「大家力」を向上することは非常に重要です。しかしそれらにもまして大家力を鍛えられる手段があります。それが「失敗体験」です。

僕もより多くの失敗を経験し、苦労をしてきたからこそ大家力がついた実感があります。

意気揚々とはじめた不動産投資で、いきなり1棟目のマンションを売却したこと、震災直後に中国人売主に掴まされてとんでもないアパートを買ってしまったこと、水難事故でテナントに訴えられそうになったこと、手付金詐欺に遭い2500万円を一瞬にして失ったことなどなど、僕のこうした失敗談は枚挙にいとまがありません。

その時その時は、それは大変だったし逃げ出したいこともありました。

「不動産投資なんてもう辞めたい」と思ったことだって、一度や二度ではありません。ですが、そうした高い授業料を払いながら得た経験は、きっとこれからの長い不動産投資事業においてすべてプラスに働くと確信しています。

今後、自分が購入する物件に関しては、どれだけ空室があっても埋めていけるという自信があります。言い換えると、物件を買うときに埋められる物件をちゃんと取捨選択する判断力が身に付いたのだと思います。

13 大家力とならんで重要な「チーム力」

賃貸経営にとって「大家力」と双璧をなす、もうひとつ重要なスキルがあります。それが「チーム力」です。サラリーマンが行なう不動産投資事業ですから、様々なステークホルダーとＷｉｎ－Ｗｉｎの関係を築かないと成功はあり得ないのです。

ここからは、満室経営を実現するために不可欠なステークホルダーにスポットを当ててみたいと思います。

◇リフォーム業者との付き合い方

満室経営を実現していくなかで、切っても切れない重要な存在です。リフォームは、お金をかければ見違えるようなステキな部屋になりますが、不動産投資事業にあってはリフォームも投資対効果を最大化するような内容でなくてはなりません。

さて、ひとくちにリフォーム工事を行なうといっても、発注方法がいくつかあります。ここではどのように業者を選べばいいのかを順番に解説していきます。

1．管理会社を通して発注

管理会社を通してリフォーム工事を発注するメリットは、自分の物件をもっともよく知る会社からの発注であること、そして地場でつながりのあるリフォーム業者に発注できるため、工事に信用がおけるという点です。

つまり、発注する大家さん（自分）自身に建築の知識がなくても、リフォームの仕上がりについて、あまり心配することはありません。どうしても雑な工事だった場合は、管理会社に手直しをお願いすることで、簡単に工事業者を動かすことが可能です。

またリフォームを管理会社から発注するということは、スケジュール調整でも融通が利くというメリットもあります。閑散期であれば問題ありませんが、2月から3月のいわゆる繁忙期ともなると、個人発注ではなかなか思うように業者さんが対応してくれないこともあります。やはり長年の顧客であり、多くの案件を発注する管理会社から依頼する方がスケジュールの調整が円滑です。

ただしデメリットもあります。それは金額に管理会社のフィーが乗っかり、直接発注よりも若干高くなるという点です。ですが、その分、**管理会社に発注して施工した部屋は管理会社自身も「入居を決めなくては申し訳ない」という心理**が働きますので、余計に払ったフィー以上の空室対策効果が期待できます。

不動産投資事業は、ステークホルダーみんながwin－winでなくてはなりません。自分だけが儲けるのではなく、管理会社にお金を落とすことも人間関係の潤滑油として重要なことだと考えます。

2．自分で直接発注

続いて、大家さん自身で直接発注する方法です。この場合は、何社か候補の会社をピックアップして相見積もりをとりましょう。安くて質の良いリフォーム業者を見つけることができて直接発注できれば、不動産投資事業において大きな強みになります。

相見積もりの基本的なルールは、見積もりを取る前に、相見積もりを取ることをリフォーム業者にきちんと伝えることだと思います。

見積もりを取ってリフォーム業者選びをすることは、より安く良い内容の工事を行ってもらえる業者を探し出せることはもちろん、工事内容によって、どれくらいのコストがかかるのかという相場観を養えるメリットもあります。

そして、気をつけるべきは、**「コストだけを重視しすぎない」**ということです。値切りすぎた場合はいわゆる手抜き工事を行われてしまう可能性があります。安かろう悪かろうでは、せっかくのリフォーム工事の意味がありません。


特に金額だけで判断してはいけないのが、地方のリフォーム業者選びです。僕の所有する箱根のビルでは、新築時からずっとメンテナスを担当してきた地場の工務店があり、そのまま継続してお願いしています。

金額はあまり安くありませんが、遠隔地の物件でもあり、専任業者という位置付けにすることで、何かあったときにはあたかも自分の物件であるかのごとく駆け付けてくれ、一次対応してもらえるのです。

このように金額だけでは測れない価値がある場合は、さきほどの管理会社のフィーと同様に、敢えてお金を落とすおおらかさも大家さんには必要だと思います。

いずれにせよ、自分自身で直接発注する場合は、工事費用だけにこだわるのではなく、これまでの付き合いや管理会社とのつながり、地場の会社の口コミなどを集めて、なるべく多角的に判断することが大事です。

3．セルフリフォーム

セルフリフォームは、時間と効率を考えた場合、人によっては「やらない方がいい」

写真①
むき出しになったコンクリート

写真②
下地合板を敷き詰めたところ

写真③
さらに合板を敷き、高さを調整

写真④
フローリング材を敷き完成！

※カラー写真は著者ブログにて公開中。「梠田拓也」で検索！

という意見もあります。ただし、第4章でも述べた通り、相場観をつかむためにも、ひととおりのリフォームは経験しておくべきだと僕は思います。実際に僕がやってみたものを紹介しますので参考にしてください（写真①〜④）。

実際にやってみてどれだけ大変で、材料費がいくらかかるかを知れば、リフォーム工事業者から出てくる見積の妥当性も即座に判断できます。このスキルは不動産投資事業に不可欠なものです。

14 外観と内装のギャップ

リフォームに関しても中古物件を新築同様にリフォームする必要はありません。

僕の物件では基本的には経年劣化したクロスを貼り替えるくらいで、本格的なリフォームはしていません。場合によってはハウスクリーニングだけで済ませることも多く、そのぶん家賃を少し下げる理由にしています。

築古の物件になればなるほど、入退居のたびにリフォームすることなく簡易なクリーニングだけで済ますことができますので、経費率もますます低くなります。結果、不動産投資事業として考えた場合、キャッシュフローはプラス方向に振れます。

また外観のリニューアルもほとんどしません。

外壁の傷みが激しく、震災などでクラックが多発した物件は、外壁修繕と全塗装を行ないましたが、それ以外はボロボロのままにしているアパートも多いです。

そして少し余裕が出たら、次は内装をリフォームして家賃を相場並みに戻して行けばよいと考えます。

外観がボロくても玄関ドアを開けたら「中は意外とキレイ」というギャップの方が、いい意味で期待を裏切ることができ魅力的な物件に映ることと思います。

借り入れの返済も進めば、節税の観点からも外観にお金を掛けてリニューアルすることで、物件自体をバリューアップし、または建物の寿命を延命することで、投資効率を上げていくことができるというものです。

◇ガス会社の協力

ガス会社も、不動産投資事業で満室経営を行なっていくために重要なステークホルダーのひとつです。

プロパンガス会社は都市ガスと違い、事業者が価格を自由に設定することができます。その為、ガス会社同士で熾烈な競争が行われています。

地域差もありますが、顧客を獲得するために、プロパンガス会社から給湯設備などを無償または格安で提供してもらえるケースもあります。ぜひ、相談してみてください。

僕の場合、千葉県のアパートではガス会社さんにお願いして、浴槽に追い炊き給湯器の設備を無償貸与してもらいました。それと同時に古いブザー式の玄関チャイムから液晶のモニターフォンに換える取り付け工事を、無償で対応してもらうことにも成功しました。

追い炊きのリモコンをキッチンまで配線するその手間で、モニターフォンの配線工事もやってもらったのです。モニターフォンの本体自体は『価格ドットコム』(http://kakaku.com/)で最安のものを1台1万2000円程度で購入し、施主支給しました。

この2点はマイソクの設備欄に「追い炊き給湯」「TVモニターフォン」と記載することが可能です。この2つの設備は、ファミリー向け物件で入居者が欲しい設備の上位にランクインする設備です。これらのコストを極力抑えながら、導入することができました。

なお、都市ガスの物件であってもプロパンガスへ変更することも可能です。特にガスに関わる大掛かりなリフォームをする必要があるときには、プロパンガス会社に相談してみるのがよいと思います。

ところで、このプロパンガスは、大家側から見るとメリットが大きいのですが、ひとつ欠点があります。それは、プロパンガスは都市ガスに比べて、「ガス料金が高い」ということです。

もっとも料金体系はプロパンガス会社によって異なりますので、入居者へのチャージがあまりにも高くなっていないか、時々チェックしましょう。

プロパンガス会社の中には、契約前には良い条件を提示しておき、あとで大家さんの知らない間に「徐々にガス料金を上げていく」という悪質な会社もありますので、注意が必要です。

◇火災保険の活用

賃貸経営という切り口では、もうひとつどうしても触れておきたいことがあります。

それは「**保険をうまく活用する**」ということです。

融資を受けて不動産を取得する場合は、融資元の金融機関から、当該の担保物件に火災保険を付保し、質権設定するようにと要求されることが多いことと思います。普通に賃貸経営を行なっていれば、あまりこの火災保険のお世話になることは少ないですし、できればお世話になりたくないと思うことでしょう。

しかし火災保険は何も火災時だけの対応ではありません。劣化を除く突発的な設備の故障やその他のトラブルにも、思わぬ味方になってくれることがありますので、ぜひ代理店さんとは仲良くしておくことをオススメします。

僕の場合は箱根のビルであわや裁判にまで発展するかという、大きなトラブルが起きてしまいました。このとき、まさに保険に助けられたのです。

空室だらけのところ、取得後の地道な努力もあって徐々に入居率も改善し始めていました。しかし、1階の店舗だけは、なかなか入居が決まらず苦しんでいたところ、管理会社自らの斡旋でテナントを誘致することに成功しました。

若いジュエリー職人が初めて自分のお店を持つということでした。そのためか内装にも強いこだわりを持っているようで、かなりの手間とコストをかけて工事を行なっていました。

年が明けた1月の寒い日にその悲劇は起こりました。

その1階店舗の階上にあたる3階の部屋は、僕が購入したときから空室になっていたのですが、給湯器の給水管が凍結し、中の水が凍って膨張して管に亀裂が入り、翌日気温が上がって氷が解けた瞬間に、そこから大量の水が噴き出したのです。

近所の住人の方が水道局に通報してくれて、水道業者が駆けつけて止水したときには、既に大量の水が建物の内部にも浸入してしまい、2階の部屋と1階で内装工事中だったジュエリーショップに流れ込んでしまったのです。

管理会社から緊急の連絡を受け、会社を休んで即現地に赴き状況を確認しましたが、それはひどい状態でした。内装のクロスや装飾品は水浸し、天井や壁の防音材なども全て台無しとなってしまっていました。

ひと目見て、これはまずいことになったと僕も青ざめ、お世話になっている火災保険の代理店の社長に相談しました。水災の特約にも入っているため一応原状回復までは保険が出ることがわかりました。

しかし、テナント側は一方的に契約の破棄を通告してきたうえに、発注済みの工事代金300万円や営業補償などを含めた、総額450万円にも及ぶ賠償請求を求めてきたのです。

火災保険の水災特約や建物賠償責任保険でも、さすがに営業補償まではカバーできないことが判明しましたが、保険代理店の社長から弁護士を紹介してくださり、相殺の結果、法的には賃貸借契約の合意解約と実損害分の補償までで十分、という弁護士からの見解が示されました。そして、今回のケースでは、既に施工した内装工事の費用までを負担することで良さそうだということが分かりました。

法的根拠を背景として、少し強気を取り戻しましたが、そうは言っても感情的な部分もあろうかと実損害に対する補償に加え、これまで頂いた家賃全額の返還を条件として提示しました。

そして、これ以上に相手が要求してくるようであれば裁判も辞さない、と毅然と対応することにしました。

その結果、相手もそれ以上には要求することなく示談が成立したのです。弁護士のアドバイスもあって示談の証として一筆覚書を交わして全てが終了しました。なんだかんだで事故から解決まで4ヶ月ほどを費やしてしまいましたが、とても勉強になりました。

この事故では、管理会社、保険代理店、リフォーム業者、弁護士といろんな人の協力と支えがあってなんとか乗り越えることができました。

そして不動産投資事業は、自分一人の力だけでは決して取り回すことはできず、多くの関係者によって「チーム」が成り立っているのだということが、身に染みた一件となりました。

15 「テナントリテンション」で退居を未然に防止する

安定した賃貸経営を行なうためには、既存入居者の退去を未然に防ぐことが最も効率的です。そのためには、積極的な施策を実施する必要があります。僕が行なっている事例をいくつか紹介しましょう。

◇ハウスクリーニングをプレゼント

契約更新をしてくれた入居者に対して、花束やお礼状などのプレゼントをしたという話を聞きますが、僕が行なっているのは「入居者にも喜ばれつつ、結果的に物件自体をバリューアップできる」プレゼントを、事後でなく事前に提示するということです。

入居者個人へのプレゼントでは契約更新直後に、万一退居になってしまった場合、無駄になってしまいますが、物件自体の付加価値が増すようなプレゼントであれば物件所有者の僕も損はしません。そういう観点でプレゼントを選んでいます。

これまで好評だったプレゼントに、ハウスクリーニングがあります。キッチンやエアコンの清掃など、おおよそ1日1万円~2万円の費用で行なえます。とくに主婦層に喜ばれますし、僕としても物件がキレイになることで、もし直後に退居になっても次の入居募集時には水周りは簡単な清掃だけで済ませることが可能です。つまり、退居時に大家としてやらなくてはならないリフォームを、入居者が居住中の間に先行してやってしまうということなのです。実際には、これによって入居者さんの住み心地がよくなれば、退居の理由がひとつ潰せます。

ただし、自炊をしない男性の単身者の場合はハウスクリーニングのサービスはあまり喜ばれません。なかには清掃業者さんたりとて人を部屋へ招き入れたくない、という人もいます。

そのような例外はありますが、基本的にはファミリー物件では喜んでもらえることの方が多いので、ぜひテナントリテンションの一環としてやってみてはどうでしょうか？

◇インターネットを導入する

ほかにも、単身者向け築古アパートでは、大家負担で光回線を契約して、入居者にインターネット使い放題を提供したところ、1週間で2部屋の入居が決まり既存の入居者にも大変喜んでもらえました。

このアパートは築40年で風呂なし、6室に対して共同シャワーがひとつだけと、お世辞にもよい設備とはいえません。もちろん、部屋は昔ながらの畳敷きです。

こういった物件に対して、一般的には「和室は人気がないから、フローリングへ。風呂がないなら、各部屋にシャワーを設置すべき」というようなアドバイスが出ますが、大きなコストをかけてリフォームすることなく、わずかなコストで空室対策とテナントリテンションを同時に達成することができました。単身向けの場合、とくに外国人や低所得者層には支持される施策となります。

◇適切なメンテナンス&清掃

物件力の向上も含めて、メンテナンスと清掃をしっかりと定期的に行なうことは、安定した賃貸経営を行なっていくうえで不可欠です。

建物や設備は古くても最低限機能していれば問題ありません。それより大事なのは「清潔であること」です。はっきりいってしまえば、下手にリフォームを入れるよりは、徹底した清掃をする方が、満室経営において重要だと思います。

築古のアパートなど部屋そのものに強い魅力がなくても、部屋の広さや駐車場など、生活に必要なものが揃って家賃が妥当、そして清潔であれば、納得して住んでくれる人がいるものです。

逆にどんなに築浅で豪華設備のマンションでもゴミだらけであれば、入居は決まりません。きちんと管理修繕がされていない物件というものに、築年数は関係ないと思います。

共用部の清掃について理想をいえば、2週に1回行ないたいですが、コストもかかるので月1回でもよいと思います。シルバー人材センターを使うことが流行っているようですが、僕は管理会社にお願いしています。

コストで考えても人材センターよりも安いこと、それから管理会社として、僕の物件に対して、責任と愛着を持って管理してもらいたいという思いがあるためです。

おわりに

本書を最後までお読みくださいまして、ありがとうございました。

2013年に執筆した処女作がこのような形で大幅リニューアルを経て、また発売できたことを嬉しく思っています。

というのも、本書の執筆にあたっては、空室率70％を経験する、いわば投資の失敗体験がきっかけになっているからです。その中には、これまで遭遇したトラブルも包み隠さず書いています。

不動産投資ジャンルの書籍は、著者の成功体験や自慢話を語る書籍が多い中、失敗をさらけ出すような内容で、「本当にこんな恥ずかしいことを書いていいのか？」という葛藤も最初はありました。

しかし、僕が実際にとってきたリカバリー方法などが、後進の方に少しでも参考になればと思ったのが筆を執った理由でしたので、こうして数年を経て、情報を更新して著せたのは何物にも代えがたい喜びでもあります。

僕が本書で伝えたいのは、繰り返し述べている、不動産投資は、〝投資〟ではなく

"事業"だということです。

株やFX、仮想通貨などのいわゆる投資には、金融機関は決して融資をすることはありません。しかし不動産投資は、その事業性を評価して銀行が融資をしてくれます。そうである以上、黒字を出すことが必須で求められるのです。

逆に、早めに実績を出しておかなければ、初心者が簡単には融資を引き出せない時代がきます。既に一部の金融機関では、これから不動産投資を始めるサラリーマンではなく、3年5年と実績を積んでいる事業者へ追加で融資をしたがっているのです。

だからこそ、不動産投資で副収入をつくりたい、収入の柱として育てていきたい、もしくは、僕のように最終的にはサラリーマンを卒業したい。そう考える読者の皆さんには、思い切って、行動を起してほしいと考えています。

決して、煽るつもりはありませんが、失敗を恐れていては何も始まりません。ここに至るまで失敗を重ねた僕ですが、その経験やノウハウを綴った本書が皆さんの成功の一助になれば嬉しく思います。

末筆となりましたが、投資の初期時代を知識面から支えて下さった石原博光さん、

おわりに

尾嶋健信さんに謝辞を申し述べます。

また、出版の機会を与えてくださった、ごま書房新社の大熊さん、執筆協力くださったライターの布施さん、スタッフの皆さまにもお礼を申し上げます。

また、日ごろ僕の不動産事業を見守ってくれている妻と元気な笑顔をくれる二人の娘、両親、顧問の律子先生にも、この場をお借りして感謝の念を表します。いつもありがとうございます。

2018年1月吉日

椙田　拓也

著者略歴

榲田　拓也（すぎた　たくや）

1974年2月生まれ、兵庫県出身。不動産投資家の傍ら、不動産投資アドバイザーとして、自身の経験をもとに多くのサラリーマン投資家を育成している（融資サポートは総額160億円超※本書執筆時）。

北九州市立大学を卒業後、大和ハウス工業（株）にて郊外店舗の建設による相続税対策で多くの実績をあげる。その後、転職したオリンパス（株）に勤めながら、2009年から8年で18棟のアパート・マンションを取得（現在は17棟保有）。2011年、東日本大震災直後に購入した千葉県の中古アパートでは、「空室率70％」の苦い経験するも独自の手法で入居率をV字回復させた。このノウハウをブログに綴ったところ大きな反響を呼び、その内容をもとに2013年に初の著書を執筆。話題の投資家となり、各種セミナーや勉強会での講演活動を積極的に行っている。また相談者への個別のサポートも行い、数百組の不動産投資家を輩出している。

所有物件100室以上となった2015年、経済的自立を達成しサラリーマンをリタイア。現在は自身も次のステージとして不動産の転売を中心とした投資活動を行いつつ、初心者へのアドバイスやサポートを継続している。著書に『“自己資金ゼロ”からキャッシュフロー1000万円をつくる不動産投資！』、『新版 空室率70％でもキャッシュが回る非常識な不動産投資術』（共にごま書房新社）。

●榲田拓也 公式ブログ『榲田拓也 不動産投資で成功するための公式ブログ』
http://sugitaya.net/
●榲田拓也 公式LINE@
https://line.me/R/ti/p/%40kaf7097l

融資が決め手！
空室率70％の逆境から18棟を
買い進めた“鉄板”不動産投資術

著　者　榲田 拓也
発行者　池田 雅行
発行所　株式会社 ごま書房新社
〒101-0031
東京都千代田区東神田1-5-5
マルキビル7階
TEL 03-3865-8641（代）
FAX 03-3865-8643
カバーデザイン　堀川 もと恵（@magimo創作所）
編集協力　布施 ゆき
印刷・製本　精文堂印刷株式会社

ISBN978-4-341-08689-3 C0034

ごま書房新社の本

“自己資金ゼロ”から キャッシュフロー 1000万円をつくる不動産投資！

元サラリーマン大家 **椙田拓也** 著

大好評重版！
〝椙田拓也〟の新たな
銀行融資ロジック。

【高属性はもちろん、低属性でも融資はひける！】

机上で悩む前に、自分に合った物件をいますぐ買って資産を増やす。本書ではそのための手順とロジックをシンプルにお伝えします。

本書のタイトル、『“自己資金ゼロ”からキャッシュフロー1000万円をつくる不動産投資！』には、「資産ゼロの普通のサラリーマンが、知識ゼロの状態から不動産投資をするためにはどうしたらよいか?」という悩みに局面した際に、本書をその参考書として役立てて欲しいという思いを込めて名付けました。(まえがきより抜粋)

銀行融資戦略のプロがさらに幅広い層に向けたロジックを紹介！

本体1550円＋税　四六版　192頁　ISBN978-4-341-08677-0　C0034